Positieve Mindfulness

Fred Sterk & Sjoerd Swaen

Inhoud

Inleiding

Bewust en met volle aandacht leven betekent per definitie een gezonder en positiever leven.

Dit nieuwe boek laat zien hoe je de voordelen van mindfulness kunt combineren met bewezen werkzame, motiverende technieken uit de positieve psychologie. In korte inspirerende hoofdstukken worden de talrijke inzichten, ervaringen en verdieping van positiviteit én mindfulness besproken.

Bij een meditatieve, innerlijke ontwikkeling passen alleen maar nieuwe kansen. Positieve mindfulness helpt je onvoorwaardelijk te vertrouwen op je eigen kracht. Voel je goed, gezond en gelukkig!

1 Zelfconfrontatie

Mindfulness helpt je bij het vergroten van je vermogen om positieve gevoelens te ervaren en oude negatieve denkpatronen te doorbreken. Overzicht, tevredenheid en kennis floreren op een voedingsbodem van innerlijke rust.

Als je alert, vol aandacht en kalm kunt blijven in spanningsvolle situaties, zul je er beter op reageren. Het gevoel niet goed genoeg te zijn verdwijnt naar de achtergrond om plaats te maken voor de zekerheid dat je iedere moeilijke situatie met gemak aankunt. Niet door middel van allerlei kunstgrepen, maar vanuit een zorgvuldig opgebouwd vertrouwen in je vaardigheden.

Wat je zoekt, zit vanbinnen - grootsheid, plezier, vrede, liefde - en meditatie brengt je er naartoe. Waarom zou je niet iets moois verwachten? Nieuwe kansen blijven zich aandienen, ze zijn zichtbaar voor wie erop vertrouwt.

Een stressvolle angstreactie versterkt negatieve vooroordelen en beperkt je blik. Daartegenover kun je met kalmte, steeds weer proberen uit te blijven gaan van het goede, en zo je psychologische weerbaarheid vergroten.

Veel mensen leven in grote angst voor hun kwetsbaarheid. Ze beperken zichzelf door hun angst te laten regeren. Zodra je met vriendelijke aandacht naar je menselijke kwetsbaarheid durft te kijken, zul je ontdekken dat liefde een betere raadgever is dan angst.

Kwetsbaarheid is niet iets om je voor te schamen, het kan juist een wijze adviseur worden. Bovendien is het een troost te weten dat ieder mens moet leren omgaan met zijn of haar eigen levensangsten.

Ook al blijft je brein maar doorratelen, je kunt je losmaken van je gedachten.

Beschermd door de kracht van een meditatie-stilte wordt geleidelijk aan zichtbaar dat dankbaarheid, waardering, erkenning, geduld, tevredenheid en ontzag voor het leven je de rijkdom bieden waar je wellicht al lang naar zocht.

Terwijl je vanuit angst krampachtig blijft streven naar zekerheid, laat meditatie je zien dat vanbinnen voldoende aanwezig is om het leven, onder alle omstandigheden, aan te kunnen.

Misschien is het wel de mentale uitdaging van zelfconfrontatie die meditatie zo fascinerend maakt. Net als bij het oplossen van een lastige puzzel, tilt het je zomaar boven de gewone, soms saaie, werkelijkheid uit. Zo kan een sombere stemming, na een meditatie-oefening, onverwachts prachtig opklaren.

2 Innerlijke kracht

Het mooiste doel in dit leven is, volgens ons, het contact bevestigen met je hoogste zelf. Wie in contact staat met zijn innerlijke kracht heeft meer te bieden. Zolang je niet mag zijn wie je bent, kun je ook niet het beste van jezelf geven. Daarnaast is ook spiritualiteit essentieel voor geluk omdat het je verbindt met datgene wat er groter is dan jezelf. Zonder een bron van energie kan een lamp geen licht geven.

Sommige problemen zijn niet direct op te lossen. Als je je daar niet geduldig bij neer wilt leggen, kun je er hopeloos in verstrikt raken. Maar er is een prettige uitweg. Ga naar binnen, herhaal een korte geruststellende mantra en probeer jezelf te kalmeren.

Een paar seconden mediteren geeft al de benodigde startkracht. Het helpt je moed te verzamelen voor intrinsiek voldoening gevende activiteiten zoals: je talenten benutten en investeren in je persoonlijke ontwikkeling.

Je hoeft niet onbeweeglijk te blijven zitten, er zijn vele andere manieren om te mediteren. Bijvoorbeeld je volledige aandacht richten op wat je aan het doen bent. Het verandert direct je waarneming. Kijk naar jezelf als in een slow-motion film, de vertraging en het verhoogde bewust-zijn werken rustgevend. Zo kun je ook je gevoelens en gedachten, kalm observeren, als voorbijgaande wolken aan een heldere blauwe lucht, zonder ze te beoordelen.

Vertrouw op het goede. Dat is extra moeilijk omdat we in een angstcultuur leven. De media, politiek, economie en reclame zijn er vooral bij gebaat ons zo bang mogelijk te houden. Ze verdienen er goud aan. Trap er niet in. Waarvoor zou je je ziek van angst laten maken? Meditatie helpt je angst om te zetten in liefde. Vanuit deze rustige, warme energie komt er ruimte voor: vergeving, vertrouwen, het loslaten van (zelf)verwijt en de vaardigheid om ook de goede kanten van schijnbare teleurstellingen te zien.

Er is moed voor nodig om een meditatie-stilte te durven ervaren. *Eenzaamheid, afwijzing, vermijding of lijden, je zult ontdekken dat ze, ná de stilte en ná de pijn, transformeren naar rust, eerlijkheid, en een diep besef dat je het juiste spoor naarbinnen hebt gevonden.*

3 Ontvluchten

Bij belangrijke keuzes in je leven is het goed om na te gaan *waarom* je een bepaalde keuze wilt maken. Word je gemotiveerd door liefde of door angst?

Een verlangen naar iets beters, mooiers of naar een nieuwe groeimogelijkheid komt meestal voort uit liefde. Weg willen vluchten uit de realiteit, een sleur of verplichtingen wordt vaak gevoed door allerlei vage angsten. Wil je ergens naar toe of ben je op de vlucht?

Angst of vermijding hoeft niet altijd slecht te zijn. Soms kan het dienen als een veilig schild tegen overhaaste beslissingen of voorkomen dat je te grote stappen neemt. Hoe vaker je je hart durft te volgen, des te beter je zult worden in het oplossen van nieuwe problemen op je pad. En ook al gaat er een keer iets mis, het biedt je een unieke kans om je flexibiliteit te testen. Foute keuzes bestaan niet.

Hoe groot de verschillen tussen mensen ook zijn, diep in ons hart zoeken we hetzelfde: *(zelf)waardering*. Wie met volle aandacht in het heden kan blijven, hoeft zich daarover minder zorgen te maken. Het huidige moment biedt alle benodigde leerervaringen, als je ze blijft voelen, zien en beleven weet je dat je op de goede weg bent. Je loopt alleen het risico op (tijdelijk) verdwalen wanneer je het contact met je zelf verliest.

Vooral de angst voor kritiek of afwijzing kan je er van weerhouden te kiezen voor wat je echt wilt. Zolang je bevestiging bij anderen blijft zoeken, kunnen zij je blijven dwingen tegen je eigen belangen in te gaan. Veiligheid, goedkeuring, acceptatie en waardering zul je eerst vooral uit jezelf moeten halen. Pas daarna zijn anderen bereid het ook aan jou te geven. Al voelt externe goedkeuring nog zo goed, leven in overeenstemming met je persoonlijke, innerlijke waarden voorkomt dat je te afhankelijk van anderen wordt.

Geef je keuzes richting met de volgende vragen: wat maakt je *blij*, waar ben je het *beste* in en wat kun je voor anderen *betekenen*? Naast redelijk denken zijn je emoties onmisbaar bij belangrijke beslissingen. Als je hart mag spreken wordt je brein rustiger. Zolang je keuzes gedragen worden door liefde weet je dat je er geen spijt van zult krijgen.

4 Geluksmantra's

In ons hoofd cirkelen er dagelijks vele gedachten en meningen over onszelf rond. Waar we ons minder van bewust zijn is dat deze meningen een grote invloed hebben. Het zijn bestelbriefjes voor het soort leven dat we kiezen.

Bijvoorbeeld de hele dag herhalen dat je dom, slordig, dik of wat dan ook bent, kan niet zonder gevolgen blijven. Automatisch ga je je ernaar gedragen en brengt het je in een spiraal naar beneden. Als je domheid, slordigheid, overgewicht et. cetera bestelt, wordt het keurig bij je afgeleverd. Of je het leuk vindt of niet.

Je gedachten mogen doen wat ze zelf willen, je hoeft er niet in mee te gaan. Je kunt ze van een afstandje observeren, zonder er nadelige bestelbriefjes van te maken. Terwijl je gedachten voortrazen kun je de mooiste geluksmantra's of affirmaties herhalen zoals: Ik *ben* liefde, wijsheid, overvloed, sterk, schoonheid, succesvol, vrede, dankbaar et. cetra. Dat is pas een bestel- of boodschappenlijstje waar je van gaat groeien en stralen. Als bijkomend voordeel maken geluksmantra's je rustiger en kalmeren ze je angsten.

Maar wat moet je nu doen als je negatieve gedachten maar doorgaan of nog erger als je ze blijft geloven? Heel simpel, zet er de volgende woorden voor: Ik ben bang dat ik.... dom, slordig, dik of wat dan ook ben. Je benoemt wat er echt aan de hand is, het is alleen maar de *angst* niet goed genoeg te zijn. Niet meer en niet minder. Vervolgens kun je de positieve mantra's gaan herhalen als goede, hoopvolle wenslijsten.

Doen alsof je angst meer is dan alleen een gevoel, het gaan vermijden, ontkennen of overschreeuwen is niet nodig, zolang angsten en twijfels er mogen zijn. Daarnaast blijft er meer dan genoeg ruimte over voor je geluksmantra's. Ze versterken je wils- en veerkracht en wijzen je op een grotere wereld om je heen. Met positieve, constructieve energie maak je de weg vrij naar waardevolle doelen, genezing en geluk.

Minderwaardigheidsgevoelens verdienen steeds hetzelfde recept van mindfulness: er zeker niet aan toegeven, niet gaan vermijden en ze niet overschreeuwen, maar ze volledig erkennen als angsten.

5 Het is goed

Uiteindelijk kom je via positieve mindfulness thuis bij een diepe bron van goedheid en kracht. Sommige mensen verzetten zich tegen positieve, helpende teksten omdat ze nog niet lijken te passen bij hun sombere stemming.

Je richten op hoop, groei en optimisme kan soms onecht lijken. Maar voor het doorbreken van een negatieve spiraal heb je nieuwe informatie nodig. Waar je een tekort aan hebt, verdient aanvulling, zowel fysiek als mentaal. Als je voor je lichaam bepaalde vitaminen tekort komt, zou het ook vreemd zijn ze *niet* in te nemen. Positieve mentale voedingstoffen zijn net zo essentieel voor je gezondheid.

Naast alle serieuze zaken in een volwassen, verantwoordelijk leven moet er voldoende ruimte overblijven voor: humor, spelen, ontspanning, nieuwe ontdekkingen, zelfvertrouwen, ontspanning en onbezorgdheid. Vrij en helemaal mogen genieten van alle simpele, kleurrijke dingen in je dagelijkse omgeving.

Vaak raken mensen verstrikt in schuldgevoel over hun negatieve emoties zoals woede of jaloezie. Met zelfverwijt hierover doe je jezelf dubbel tekort omdat negatieve emoties gevoed worden door pijn en onvermogen. Straf en schuldgevoel maken de wonden alleen maar groter.

Het is beter om diepgaand te onderzoeken waar de pijn zit en wat je nodig hebt of tekort komt. Het antwoord op boosheid, jaloezie, oneerlijkheid en alle andere vormen van onvermogen is extra *liefde* en zorg voor jezelf. *Redelijkheid is een emotioneel luxe product. Je kunt het je pas veroorloven als de onderliggende behoeften vervuld zijn.*

Als je je gekwetst voelt dan helpt het om je emoties toe te laten en te accepteren. De pijn stelt je in staat te ontdekken wat je nodig hebt en biedt je een kans extra aardig, steunend en goed voor jezelf te zijn. Iedere emotie telt en verdient zorgvuldige aandacht.

Waarom zou je er niet vanuit gaan dat je wel aankunt wat er op je afkomt? Niemand weet wat er nog zal gebeuren. Dat hoeft je niet bang te maken, integendeel. Als je open staat voor wat er komt, dúrft te ontvangen wat de toekomst je biedt, dan blijft er ook ruimte voor onverwachte, prettig verrassende inzichten.

6 Gezond volwassen

Voor een gezond volwassen leven zijn er drie belangrijke kernbegrippen: liefde, vergeving en dankbaarheid. Woorden die je in een eindeloze mantra: *liefde - vergeving - dankbaarheid*, zou mogen herhalen. Ze geven precies aan waar het in dit leven om gaat.

Zonder van anderen of jezelf te houden, zonder vergeving en zonder dankbare waardering, raak je uit balans. Andersom geldt hetzelfde, als je de kracht van deze drie begrippen herkent en herhaalt, doorbreek je oude negatieve patronen en maak je ruimte voor nieuwe positieve kansen.

Waar kun je liefde voor voelen, te beginnen met jezelf? Wie mag je vergeven? Vergeet vooral jezelf niet te vergeven! Waar ben je dankbaar voor? Denk ook weer aan jezelf!

Als gezond functionerende volwassene weet je wat belangrijk voor je is. Je bent in staat stapsgewijs te groeien en jezelf te belonen voor je inspanningen. Zonder jezelf over te belasten of alles tegelijk te eisen van of voor jezelf. Je weegt zorgvuldig of er een goed evenwicht is tussen veiligheid en verantwoordelijkheid en tussen wat je zelf wilt geven en wat anderen van je vragen.

Mensen hebben goede voorbeelden nodig, anderen die ze inspireren en de weg wijzen. Ken je zulke voorbeelden, in je omgeving of via boeken, internet of de media? Zie in je verbeelding duidelijk voor je hoe ook jij beter met bepaalde lastige situaties om kunt gaan. Welke constructieve, ontspannende, leerzame of uitdagende activiteiten helpen je meer in balans te komen?

Herken en begrijp wat je nodig hebt, wat je mist en waar je naar verlangt. Pas als je leert te luisteren naar jezelf, zonder direct in te vullen wat anderen vinden, kun je constructief gaan werken aan het *zelf* vervullen van je behoeften. Wie zichzelf overslaat of steeds handelt vanuit een beperkende visie, zal sneller vluchten in ongezonde gewoonten.

Gezonde volwassenheid gaat samen met gevoelens van erkenning, waardering, verbondenheid en acceptatie van wat er nu is. *Zonder de diepte en pijn van het leven te ontkennen kun je ook simpelweg genieten van alle mooie dingen die het leven te bieden heeft.*

7 Onvermogen

Je kunt kwaad worden op het gedrag van anderen. Vaak doe je dat omdat je denkt dat zij hetzelfde zijn als jij, dezelfde regels en normen hebben. Daardoor ontstaan de grootste misverstanden. Mensen verschillen. Wat voor jou vanzelfsprekend lijkt hoeft dat niet te zijn.

Er ontstaan communicatieproblemen omdat iemand anders in elkaar zit dan je dacht. Als je iemand iets kwalijk neemt, doe je dat vanuit de gedachte dat hij precies weet wat hij doet. Voor honderd procent goed functioneert. Maar er zijn maar weinig mensen die alles in huis hebben om altijd goed voor een ander te zijn. De meeste mensen zijn vooral erg druk met zichzelf bezig en hebben minder oog voor hun omgeving.

Het onvermogen van anderen is groter dan je denkt. Van hoog tot laag, dom of slim, rijk of arm, overal en bij iedereen kom je teleurstellende tekortkomingen tegen. Simpelweg omdat niemand volmaakt kan zijn. Net als je denkt op iemand te kunnen rekenen schiet hij of zij tekort.

Waarom is het goed te weten dat het onvermogen van mensen groter is dan je denkt? Zolang je blijft denken dat iemand een bepaald gedrag kan veranderen zul je continu teleurgesteld worden. Daarnaast kun je gaan twijfelen aan jezelf, wat doe je verkeerd waardoor de ander niet verandert?

Als je weet dat je te maken hebt met iemands onvermogen kun je makkelijker kiezen. Of de overduidelijke tekortkomingen accepteren, of besluiten meer los te laten. Zodat je alle storende emoties achter je kunt laten. Gun jezelf meer dan je gekregen hebt. Vergeef eventueel iemand wat er mis is gegaan en vervolg je eigen pad.

Dicht bij jezelf blijven vraagt veel moed. Angst voor eenzaamheid, afkeuring en er niet bij te horen, houden je gevangen in situatie die niet gezond meer zijn. Pas nadat je besloten hebt bepaalde mensen vriendelijk los te laten kun je ontdekken dat er, na de dalen van je negatieve emoties, het besef komt dat je de juiste keuze hebt gemaakt en vrij verder kunt. Beter voor iedereen.

8 Vol overgave

Ben je wel eens zo druk met een leuke taak bezig geweest dat je de tijd en alles om je heen vergat? Hard aan iets werken, er helemaal in op gaan, iets moois proberen te maken kan heel rustgevend zijn. Pas als je stopt, merk je hoeveel energie het je gekost heeft, maar na een rustpauze kun je tevreden vaststellen dat de inspanning je goed heeft gedaan.

Creativiteit kan ruw onderbroken worden door de interne criticus. Wees daar op bedacht. Probeer alle afkraakgedachten te kalmeren door ze gerust te stellen met de mededeling dat, als je werk straks af is, ze nog ruimschoots de kans krijgen om kritisch te mogen zijn. *Denk aan de gouden mindfulness regel: hoe meer je volle aandacht bij een taak is, hoe minder ruimte er over blijft voor je ego of criticus.*

Spreek jezelf moed in en ga verder met je werk. Achteraf, als je voldoende ontspannen bent en genoeg afstand hebt, ben je beter in staat objectief te oordelen. Vaak zijn mensen bang dat wat ze maken niet goed genoeg is. Er is maar één manier om onder de maat te presteren en dat is door *niets* te doen. Alles wat je maakt heeft waarde en naarmate je meer creatief bezig blijft, zul je de kans vergroten op werk waar je tevreden mee of trots op bent.

Dingen uitsluitend doen om persoonlijke doelen te bereiken zoals erkenning en aanzien maken je een slachtoffer van je verlangens. Onbevangen bezig zijn, los, van de zucht naar een beloning, biedt je de mogelijkheid de kracht van je handelingen en creativiteit te ervaren. Zuiver, met een onbelemmerde toegang tot je talenten en, paradoxaal genoeg, meer voldoening.

Je aandacht is vrij van pijn of belemmerende emoties. Steeds opnieuw kun je je helpende aandacht, vol overgave, richten op waar je mee bezig bent.

Volhouden en passie voor je bezigheden zijn de belangrijkste factoren voor succes. Meestal tellen ze zwaarder dan andere aangeboren eigenschappen of talenten. Volle aandacht helpt je bezig te blijven en door te zetten bij tegenslagen.

9 Innerlijk kind

Als bepaalde basisbehoeften uit je jeugd, zoals erkenning, troost en veiligheid, vroeger niet vervuld zijn, zul je -wanneer je volwassenen bent- meer moeite hebben om in balans te blijven. Vaardigheden als probleemoplossen, goed met anderen omgaan en plezier durven maken, bevorderen dat je gezond en evenwichtig blijft functioneren. Je moet ze wel ooit van iemand geleerd hebben.

In ons zijn alle jongere versies van onszelf nog steeds aanwezig. Met als meest kwetsbare, het innerlijke kind. Leer te luisteren naar wat deze jongste versie van jezelf tekort is gekomen. Als een wijzere volwassene kun je hem of haar troosten en geruststellen. Zelfs een paar minuten er naar toe gaan, tijdens een meditatie, heeft al een helende werking. Dit deel van jezelf ontkennen of verwaarlozen heeft tot gevolg dat het pijn blijft houden en om aandacht blijft vragen.

Veel mensen hebben een gekwetst innerlijk kind in zich of een geschiedenis van emotioneel lijden. De een meer dan de ander. Als je weet dat deze basispijn aanwezig is, kun je er rekening mee houden en heb je, wanneer je de pijn erkent, een duidelijke verklaring voor bepaalde stemmingen. Je hoeft niet meer te vechten of te vluchten als je stemming onverwacht daalt.

Helaas deelt het leven later, na de kindertijd, ook nog wel een paar stevige klappen uit in de vorm van tegenslagen, ziektes en verliezen. Lijden is voor ieder mens onvermijdelijk.

Naast of bovenop deze levenspijn heb je altijd de keuze waar je je energie in wilt investeren; in een angstige griezelfilm of een constructieve, mooie feelgood film. Het deel van je leven waar je nu directe invloed op hebt kun je steeds waardevoller en beter maken. Benoem wat zwaar en moeilijk is en bouw verder aan je levenswerk.

Om verder te komen in het leven heb je verantwoordelijkheidsgevoel en discipline nodig, anders kun je frustraties, vervelende, saaie of lastige taken niet volhouden of afmaken. Net zoals bij moeilijke emoties zul je moeten leren frustraties te doorstaan om je doelen te bereiken. Dat geldt voor iedereen, ook al lijkt het soms alsof anderen het veel makkelijker hebben. Zij moeten ook, als gezonde volwassenen, iedere dag opnieuw, allerlei minder aangename uitdagingen aangaan.

Wees erop bedacht dat plicht alleen maar gezond kan blijven wanneer er voldoende ruimte is voor plezier en genieten. Neem jezelf als kind bij de hand en laat opnieuw zien wat er aan warmte, rijkdom en ontspanning mogelijk is.

10 Momenten sparen

Het leven bestaat uit vele momenten op een rij. In sommige omstandigheden beleef je plotseling een mooi moment. Je merkt het op en het is weer voorbij. De schoonheid van je directe omgeving bepaalt of je veel of weinig mooie momenten ervaart. Heel soms zit er een moment tussen met 'eeuwigheidswaarde', zo bijzonder dat je het je hele leven zult blijven herinneren en koesteren.

Uiteraard proberen we van alles om mooie momenten vast te houden. Maar dat lukt niet. Vervolgens gaan we proberen de realiteit te manipuleren. Wellicht dat we met kooplust meer momenten kunnen vangen. Vaak tevergeefs.

Geluk bestaat uit het *opmerken* van prachtige ervaringen, zodra je ze gezien hebt zijn ze weer vervlogen. Dat geeft niets want het plezier en de voldoening zijn al binnen. *Tenminste als je bereid bent genoegen te nemen met het oogsten van mooie momenten.*

Hoe vaak heb je niet gedacht, hier hoor ik nu gelukkig te zijn? Met deze gedachte verdween het genieten. Dingen minder strak vastklampen betekent minder pijn en meer ontspanning.

Als je teveel wilt vasthouden zul je je eigen vooruitgang gaan blokkeren. Ruim op, minder is meer, op alle gebieden. Maak je denken vrij, zodat je beter kunt zien wat er is en creatiever wordt. Volg, zonder extra ballast, steeds je hart, zodat de beste kansen zichtbaar worden. Alle momenten, puur en zuiver waarnemen, zonder je eraan vast te willen klampen, vergroot je momentum of beslissingskracht.

In plaats van je vast te klampen kun je je brein trainen mild te reageren op elke vorm van ongenoegen. Voel je diepste wensen voor meer geluk, rust en gezondheid, zonder ontevreden te worden. Goede intenties zijn als een veilig lichtbaken en ze vergroten het welzijn van anderen en jezelf. Net zoals een mooie wenskaart ontvangen goed voelt, het laat de ontvanger glimlachen, los van de omstandigheden of uitkomsten.

Je kunt nog zo begripvol naar anderen zijn, zolang je te hard voor jezelf blijft, geef je het verkeerde voorbeeld. Ons leven is een reeks van leermomenten en vaak doet leren pijn. Waarom zou je dan niet milder mogen worden? Mildheid bevordert het leerproces en de bereidheid tot veranderen. Hardheid nodigt uit tot verzet en vechten. Zo'n strijd kent alleen verliezers.

Zorg je voldoende voor zoveel mogelijk optimistisch makende, trotse en waardering oogstende momenten? Geef tenslotte ook alle ruimte aan liefdevolle momenten. Liefde bevordert groei, houdt je in balans en beschermt je tegen negativiteit.

11 Veilige haven

Waar mag je volledig jezelf zijn? Waar voel je je beschermd en volkomen geaccepteerd? Heb je een plekje helemaal voor jezelf, waar je je terug kunt trekken en bij mag komen? Een 'thuisgevoel' is niet vanzelfsprekend. Sommigen mensen blijven zo onrustig dat ze maar blijven jagen op de ideale woonomgeving en zich nergens echt thuis voelen.

Vooral pijnlijke emoties nodigen uit voortdurend door te zoeken naar betere omstandigheden, plaatsen en mensen. Het is lastig echt te mogen thuiskomen bij jezelf.

We leven vooral met beelden over hoe het zou moeten zijn. Hoe goed anderen het hebben en hoe een ideaal leven eruit ziet. De werkelijkheid is anders en harder. Pijn en eenzaamheid zitten bij de meeste mensen diep vanbinnen en er is geen plaats waar je daar aan kunt ontsnappen. Het enige dat overblijft is het accepteren van alle gevoelens, ook de minder aangename. Vervolgens kun je gelukkig ook je zegeningen gaan tellen en hopelijk zijn dat er voldoende.

Het probleem bij onvrede is dat je te ver vooruit wilt kijken, vanuit de behoefte alles beheersbaar en controleerbaar te maken. Stel dat je zou zeggen: 'vandaag leef en ben ik *hier* en dat is goed zo!' Dat voorkomt dat je constant blijft malen over hoe het morgen beter of anders zou moeten. *Het leven komt met één dag tegelijk en zolang deze dag dragelijk of goed is kun je proberen daar meer vrede mee te hebben.*

Je kunt simpelweg ook iets heel kleins doen om je stemming te verbeteren. Al is het maar voor één verlichtende seconde. Het maakt niet uit wat. *Wat zou je kunnen laten glimlachen? Kijk op internet: humor, een positief bericht, soms hoeft het even geen doel of zin te hebben, als het je maar ontspant.* Wellicht dat je er al beter voor staat dan je soms zelf denkt.

Hoor wat gevoelens zeggen, maar laat je er niet door van de wijs brengen. Ons brein zal vaak genoeg nieuwe zelfverwijten produceren. Je kunt ze benoemen en leren van elke levenservaring.

Berusting in wie, wat en waar je bent schept de ruimte voor groei. Ook al schreeuwen emoties om aandacht en verandering, ze hoeven je er niet van te weerhouden je thuis te voelen waar je *nu* bent. *Je hoeft niet weg te gaan om...thuis te komen.*

12 Emoties

Onze basisemoties hebben verschillende functies: angst beschermt tegen gevaar, boosheid helpt bij het verzet tegen onrecht of pijn, verdriet vraagt om verwerking, en schaamte voorkomt onbezonnen of ondoordacht gedrag.

Emoties komen en gaan in golven. Veel mensen proberen van alles om hun emoties te onderdrukken, alsof ze niet goed zouden zijn. Er is moed voor nodig je emoties te ondergaan, het lijkt op het eerste gezicht angstig, onzeker en vol risico's.

Omgaan met emoties is te leren. Vaak wordt gedacht dat je een willoos slachtoffer bent van wat je voelt, maar dat is zeker niet waar. *Emoties worden groter door alle foute en korte termijn pogingen om ze te onderdrukken. Andersom geldt gelukkig hetzelfde als je beter met emoties omgaat zul je er ook minder last van hebben.*

Zoek bewust wat vaker, in kleine stapjes, situaties op die je angstig maken. Zodat je geleidelijk aan kunt ervaren dat angst totaal ongevaarlijk is. Zo word je wereld iets groter en rijker.

Soms kan het ook goed zijn bepaalde beelden, gedachten of herinneringen gewoon langs te laten komen, zonder ze direct te onderdrukken. Op deze manier kun je ervaren dat emoties veilig zijn en hoef je geen energie te verspillen aan het ontwijken van je eigen gedachten.

Bij emoties loont het altijd de moeite om naar het totale beeld te kijken. Verdriet en blijdschap volgen elkaar steeds weer op. Zoek in jezelf naar redenen om verder te gaan. Zoals je passies, liefde, waarden of geloof.

Durf je al je dwangmatige rituelen, plannen en perfectionisme los te laten?

Bij emotionele vrijheid zul je af en toe nog eens prettig verrast kunnen worden door het leven zelf.

Ook de lichamelijk variant van je emoties in de vorm van allerlei pijntjes, vermoeidheid of vormen van opwinding, hoef je niet te onderdrukken. Als je ze vrij laat stromen en er naar leert te luisteren heb je er het minste last van.

Voor dit huidige moment kunnen vriendelijkheid, bedachtzaamheid, dankbaarheid en het besef van onze menselijke kwetsbaarheid, je meer rust brengen. Emoties zijn het waard om voluit beleefd te worden.

13 Pauze

Wie vaker in het hier en nu kan leven zal merken dat hij meer grip krijgt op zijn gedachten. *Voordat je door je gedachtestroom wordt meegenomen en in allerlei verhalen verstrikt raakt, is er een veilige nooduitgang te vinden in het huidige moment.*
Je keuzes kun je alleen maar op dit moment bepalen en benutten. De pauze tussen je aandacht en gedachten biedt je een unieke mogelijkheid bewust stil te staan bij wat er vanbinnen gebeurt. Waar gaan al je angsten over...? Vooral over wat er ooit zou kunnen gebeuren!

Via meditatie teruggaan naar het hier en nu, is een prettige, heilzame vorm van zelfzorg. Als je brein afdwaalt naar zorgen en piekergedachten, observeer dan wat er gebeurt en leid je aandacht rustig terug naar het heden. *Het is een eenvoudige meditatie-regel: eerst observeren en daarna rustig terugkeren naar het heden; observeren -> terugkeren.*

Vanuit het heden hoef je jezelf niet omlaag te halen en kan er alleen maar een rotsvast geloof in je eigen kracht zichtbaar worden. Zonder te overdrijven blijft er een redelijk, gezond zelfvertrouwen over. Negatief terugkijken helpt je nergens bij. Waarom zou je niet enthousiast, vanuit dit moment, er het beste van mogen maken? Je bent en kunt vele malen meer dan je denkt.

Vaak is het lastig te begrijpen dat het huidige moment de meest veilige plek is. Vooral als je geneigd bent je te verzetten tegen je eigen gevoelens. Elke vorm van verzet tegen wat er nu is, kost extra energie en veroorzaakt meer lijdensdruk. Rustig begroeten wat er is, lijkt wellicht bedreigend, maar het verdiept je ervaring in de meest gunstige betekenis.

Achter tijdelijke gedachten en gevoelens vind je openheid, warmte, ruimte, inzicht en meer houvast. *Erkenning van de realiteit, zelfs van een onaangename waarheid, is meestal een belangrijke en bevrijdende stap naar je hogere zelf.*

14 Opnieuw kind

Angsten, piekeren, zorgen en onzekerheid zitten verstopt in alles wat je tegen jezelf zegt. De druk eindeloos opvoeren, eisen dat je goed presteert en verstrikt raken in allerlei zelfverwijten. Als je de tijd neemt om op te schrijven waar je jezelf mee overstuur of somber maakt zul je verbaasd staan van de enorme stroom negatieve zelfverwijten.

In onze praktijk vragen we aan onze cliënten of ze zichzelf willen voorstellen als een kind van rond de acht of tien jaar. Een klein kwetsbaar kind, onschuldig, en met de hoop iets van zijn/haar leven te maken. Als ze het beeld duidelijk voor zich zien, moeten ze zich proberen voor te stellen dat ze dat kind bang maken of verwijten maken, afstraffen zoals ze dat ieder dag ook met zichzelf doen.

Uiteraard kan niemand het over zijn hart verkrijgen zo meedogenloos tegen een kind te zijn. Alsof het in een militair strafkamp zit waar het de hele dag van alles moet, een enge wereld vol geboden en verboden, keihard.

Dus als je 's avonds in bed ligt en vindt dat je *moet* slapen, fit *moet* zijn, slank *moet* zijn, alles snel *moet* leren, aardig *moet* zijn en naar iedereens pijpen *moet* dansen; denk dan nog eens aan dat kleine kind. Hoe zou je het geruststellen en troosten, het laten weten dat de wereld veilig en goed is.

De ene dag word je wakker met het gevoel de hele wereld aan te kunnen en een volgende dag met de angst dat de hele wereld achter je aanzit. Reden te meer om goed te kijken naar wat je tegen jezelf zegt. Negatieve zelfverwijtende gedachten zullen steeds proberen de macht over te nemen, maar je hoeft ze niet te blijven voeden.

Waarmee zou je een bang, ongerust kind troosten, geruststellen en liefde geven? Waarom zou je jezelf ook niet mogen kalmeren met hoopvolle, bemoedigende teksten? Geef het goede voorbeeld van mildheid, dat scheelt oneindig veel onnodige adviezen.

Ook al zijn we verre van perfect, ieder individu verdient onvoorwaardelijke liefde en erkenning. *Ook jij.* Op een diepe, veilige plaats vanbinnen zijn er geen tekortkomingen, uiterlijke beperkingen of zwakheden. Er is alleen maar warmte, begrip en een onschuldige, wijze positieve kracht.

15 Klein beginnen

Grote veranderingen beginnen met kleine stappen. Als je, vol ongeduld, teveel wilt dan zul je waarschijnlijk al snel ontmoedigd opgeven. Iedereen is in staat een klein beginnetje te maken en daar iedere dag iets aan toe te voegen. Na verloop van tijd zal blijken dat je meer gedaan of opgespaard hebt dan je van te voren kon vermoeden. Ministapjes roepen ook aanzienlijk minder angst en weerstand op, doe er je voordeel mee.

Zo wordt het ook mogelijk, in kleine stappen, oud ongewenst gedrag, los te laten. De kracht zit hem in de herhaling, steeds een beetje meer. Zonder dat je er veel voor hoeft te doen ga je vooruit. Iedere dag opnieuw. Ongemerkt groeit het goede gevoel en het resultaat, zonder teveel pijn over het opgeven van je oude gedrag.

Moeiteloze verandering. Voortborduren op en het verzamelen van kleine successen heeft als grootste voordeel dat je niet meer bij nul hoeft te beginnen, de trein loopt al.

Het stapeleffect van vele kleine stappen is groot. Als je begint met één bladzijde lezen per dag, loont het al snel de moeite meerdere bladzijden per dag te lezen, voor dat je het in de gaten hebt is het boek uit. Terwijl de meeste uitgegeven boeken half ongelezen in de kast staan. Mensen beginnen er enthousiast aan, maar slagen er vaak niet in een boek uit te lezen.

Hoe kun je weer trots zijn op je leven? Het gaat altijd om het verschil én de balans tussen iets doen en niets doen. *Telkens iets toevoegen aan je bezigheden mondt uit in een goedlopende zaak. Zo kan er een indrukwekkend levenswerk ontstaan.* Wat je doet hoeft geen uitputtingsslag te worden. Wie teveel tegelijk blijft doen raakt sneller overprikkeld.

Het belangrijkste voordeel van het werken in korte afgemeten tijdsblokken is dat je altijd met een gerust hart weet wanneer je weer mag stoppen. Die opluchting, dat prettige gevoel gecombineerd met de voldoening van het werken is een goed wapen tegen uitstelgedrag.

Als je je goed voelt kun je gaan oogsten en zien wat je hebt gedaan. Het juiste moment om de balans op te maken. Na een rustpauze klaar voor de volgende bouwsteen, net zolang tot je deeltaak af is....op naar het volgende project.

16 Creativiteit

Misschien wel het beste wapen tegen negatieve gevoelens zoals, onbehagen, eenzaamheid en depressie.......mooie dingen maken. Creativiteit, in welke vorm dan ook, geeft een gevoel van verlichting. Het opent de deur naar je hogere zelf en het maakt je sterker.

Iets maken, zonder te oordelen, zonder je bezig te houden met wat je ermee gaat doen, en vooral los van de mening van anderen, tilt je uit boven de dagelijks sleur. Je creatieve mogelijkheden, kennen geen grenzen of beperkingen. Een brein dat constructief bezig is, heeft minder ruimte voor zorgen.

Om eerst je brein te kalmeren kun je gebruik maken van de volgende liefdevolle vriendelijkheid-meditatie. Deze beschermings-mantra is te gebruiken om jezelf, anderen en de wereld het beste te gunnen en toe te wensen:

- 'Ik ben goed, gezond en gelukkig'
- 'Jij bent goed, gezond en gelukkig'
- 'Jullie zijn goed, gezond en gelukkig'

Herhaal deze mantra, naar je eigen voorkeur, zittend, liggend of rustig lopend.

Hoe kun je op een creatieve ontdekkingsreis gaan en nieuwe inzichten verwerven? Daag je oude overtuigingen uit, studeer en blijf jezelf ontwikkelen. Met het verbreden van je visie en het verleggen van je grenzen krijg je een meer heldere kijk op problemen waar je eerst in vast bleef zitten. *Creativiteit en leren zijn goede manieren om de zelf-controle over je emoties te vergroten.*

Negatieve emoties worden milder als je zelf ook zachter mag worden. Warmte en waardering voor wat je goed doet, is de meest effectieve motiverende kracht. Zelf- bestraffing werkt averechts. Liefde motiveert, zelfhaat blokkeert.

Je overgeven aan je creativiteit en inspiratie brengt nieuwe inzichten. Sta bewust stil bij wat je geleerd hebt. Er is zoveel te zien. Alleen al een foto maken tijdens een wandeling, laat je even stilstaan bij de onmetelijke schoonheid van de natuur.

17 Goed gedaan

Soms loont het de moeite terug te kijken. Welke reis heb je, tot nu toe, gemaakt? Kun je tevreden zijn over je ontwikkeling, over wat je geleerd hebt? Een lange weg kent ook veel tegenslagen en misstappen, maar als je met milde ogen durft te kijken, zul je zien dat het wellicht toch ergens goed voor is geweest. *Ben je al thuisgekomen bij jezelf?* Mag je al wat meer achteroverleunen en oogsten?

Het leven bestaat uit verschillende ontwikkelingsfasen. Schaam je niet voor je eigen gevoelens en gedachten, vaak horen ze er gewoon bij. Later zul je ze waarschijnlijk beter kunnen begrijpen en plaatsen. Hopelijk zal het je steeds beter gaan lukken de bevestiging uit jezelf te halen en niet meer uit je status of andere mensen. Dat geeft veel rust.

Wat heeft je vandaag hier gebracht? Kun je blijven volhouden? Zoek in jezelf naar alle reserves van sterkte, kracht, vitaliteit en vooral....moed! Heb je ooit in je leven risico's genomen, je angsten onder ogen gezien om te kunnen groeien? Soms kan het lang duren voordat je ontdekt dat je, door je eigen inspanningen en doorzettingsvermogen, verder bent gekomen. Ontsnapt uit een zelf-beperkende gevangenis.

Persoonlijke ontwikkeling op het gebied van zelf-gekozen doelen geeft een goed gevoel en inspireert anderen. Oefening baart kunst. Welke doelen heb je al bereikt? Over welke prestaties ben je tevreden? Op welke kleine en grotere successen mag je trots zijn?

Zijn er vaardigheden die je eerst absoluut niet bezat, maar die je inmiddels, na de nodige inspanning, redelijk goed beheerst? Kun je bewust genieten van goede herinneringen en ze gebruiken als groei-brandstof voor de toekomst?

Tel vooral de dingen die je wel hebt gedaan. Los van de frequentie, niemand doet altijd alles goed. Twee keer in de maand sporten is nog altijd meer dan helemaal niet sporten.

Als je te lang iets hebt uitgesteld dan mag de vlag uit, wanneer je er toch nog aan begonnen bent op een goede dag. Scoor je overwinningen, ze bepalen of je jezelf als een verliezer of winnaar gaat zien. *Het 'goed gedaan'- gevoel stimuleert vooruitgang.*

18 Zekerheid

Het lijkt een vreemde tegenstelling, aan de ene kant willen we graag weten waar we aan toe zijn, dus eisen we zekerheid, maar aan de andere kant klagen we als het leven te voorspelbaar wordt, dat het zo saai is.

Soms is het goed dat je nog geen keuzes kunt maken. Het betekent dat je de rijkdom houdt van vele verschillende toekomstige opties en mogelijkheden. Vertrouw erop dat je op een later tijdstip makkelijker zult weten wat wijs en goed is.

Zolang je met aandacht en betrokkenheid de dagelijkse dingen doet hoef je je ook niet zo druk te maken over wat er nog gaat komen. Duidelijke, overzichtelijke 'dichtbij'- doelen hebben als voordeel dat je direct feedback verzamelt over je bezigheden.

Laat je uitdagen en verrassen door het onbekende, ook al weet je nog niet precies wat er gaat komen, je bent er altijd zelf bij. Vanuit een rustige, evenwichtige basis is de kans klein dat je te grote risico's zult nemen.

Er zijn weinig echte zekerheden. Uit angst voor het onbekende zijn mensen geneigd klein en beperkend te denken. Ze klampen zich vast aan alles waar ze zekerheid uit denken te halen. Alles moet het liefste 'vast' en 'voorspelbaar' blijven.

Maar er is een betere manier. Doe eens net of alles vanaf nu goed zal gaan, alsof er geen beperkingen zijn en je alle tijd zult hebben om te doen wat je graag wilt doen. Voel je de ruimte groter worden en je kansen toenemen?

Groter durven denken geeft rust en richting aan je leven. Je hoeft niet steeds angstig om je heen te kijken maar durft makkelijker je doelen na te streven. Als je begrijpt wie je bent en waar je naar toe wilt, kun je makkelijke meestromen met de positieve energie om je heen.

Probeer bij je dagelijkse activiteiten altijd je hogere idealen voor ogen te houden. Zo kan de meest basale activiteit nog prima passen in het grotere geheel.

Ingewikkelde keuzes kun je terugbrengen naar een belangrijke emotie: liefde. Van wie, wat en waarvan houd je het meest? Zolang er een basis van liefde is, weet je dat je goed zit.

Creëer iedere dag een wereld vol goede kansen, goede dingen en goede mensen. Niemand kan garanties bieden voor de toekomst, maar dat hoeft ook niet zolang er voldoende overblijft om van te houden. Liefde maakt het leven mooi.

19 Bestaans-eenzaamheid

Soms overvalt het je zomaar, een overweldigend gevoel van bestaans-eenzaamheid. Hoeveel mensen er ook om je heen zijn, met of zonder partner, we voelen het allemaal wel eens. Koud en alleen, de mensen missend die er, om wat voor reden dan ook, niet meer zijn. De wereld draait onverbiddelijk door en jij vraagt je af wat je fout hebt gedaan om dit te moeten voelen.

Veel mensen hebben er last van. Sommige zijn doodsbang voor eenzaamheidsgevoelens en gebruiken allerlei middelen en manieren om voor deze gevoelens te vluchten. Het voelt alsof je even alle contactpunten met je omgeving kwijt bent.

Telkens wanneer je heel zorgvuldig je aandacht weer terug brengt naar wat er nodig is om dagelijks te overleven, de hele gewone dingen, zul je merken dat het nare, lege gevoel vanzelf weer verdwijnt. *Je alleen voelen verandert zodra je het - alleen zijn - als een tijdelijke heilzame stilte leert te ervaren.*

Zie wat er is en besef dat je steeds op weg bent naar de volgende oplossing van je problemen. Je aandacht bewust richten op je ervaringen is voldoende. Je brein heeft het vermogen om te blijven leren en je leven te verrijken. Zelfs de ergste levenspijn zal verlichten als je het aandurft ernaar te kijken, zonder er voor weg te vluchten. Probeer je niet blind te staren op het leven van anderen. Iedereen heeft zijn/haar eigen unieke verhaal.

Het blijft vreemd dat mensen soms meer begrip hebben voor de emoties van anderen dan voor wat ze zelf voelen. Emoties hebben vier 'basiskleuren': boos, blij, bang en bedroefd, met alle variaties die daarbij passen, ze verdienen een volwaardige plek in je leven.

Je mag huilen en bang zijn, hoe meer je dat toe kunt laten, hoe gezonder je gaat functioneren. Emoties geven je grenzen aan en ze maken ruimte voor nieuwe waardevolle ervaringen.

Contact met anderen begint met contact met jezelf. Eenzaamheidsgevoelens onder ogen zien, observeren en beschrijven geeft ze minder macht. Zodat je vrijer naar buiten kunt gaan, iets kunt gaan leren, in beweging komen of anderen gaan helpen. Allemaal manieren om je snel iets meer verbonden te voelen met een wereld boordevol mogelijkheden. *Zie, voel, hoor, proef het leven en je bent nooit meer alleen.*

20 Zelf-vergeving

Bijna allemaal hebben we redenen om ons ergens schuldig over te voelen. Bewust of onbewust. Dit schuldgevoel kan als een sluipend gif ons geluk in de weg staan. Alsof we onszelf geen plezier gunnen of geen geluk verdiend hebben. Wellicht is het gezonder om nog eens rustig te kijken naar je vermeende 'zonden'. Veel fouten komen voort uit pijn en onvermogen. Wat zou er gebeuren als je met iets meer begrip naar je schuldgevoel keek?

Wanneer 'fout gedrag' van vroeger onverwachts voorbijkomt en je blijft kwellen, biedt dan direct vanbinnen oprecht je excuses aan voor wat je misdaan hebt. Herhaal dat het je spijt. Je hoeft niet voor je tekortkomingen weg te lopen. Je fouten aan jezelf erkennen verzacht de pijn.

Nu weet en kun je wellicht meer dan vroeger en zou je dezelfde fout niet meer maken. Wandaden komen nooit voort uit luxe, ze zijn het gevolg van onvermogen. Probeer jezelf te vergeven. Dat gaat waarschijnlijk niet in een keer, maar stap voor stap. Zo kun je eerdere uitingen van je oude onvermogen geleidelijk aan verwerken. Je verontschuldigen en jezelf vergeven, steeds als de pijn terugkomt.

Ben je is staat je eigen onvolkomenheden en zwakheden te accepteren? Is er vergeving mogelijk voor je menselijke imperfectie? Begin met vergeving en open daarmee de weg naar meer begrip en openheid. De onderstaande meditaties van mededogen of liefdevolle vriendelijkheid stimuleren gevoelens van warmte, veiligheid en vertrouwen:

-Sluit vrede met je gevoelens, zie ze als vrienden.
-Bedenk dat ieder probleem met liefde opgelost kan worden.
-Ga via vergeving naar begrip en compassie.
-Laat anderen zijn wie ze zijn en waardeer wie jij bent.

-Leer verandering als positief en veilig te ervaren.

Anderen kunnen, vanuit hun onvermogen, jou ook veel onrecht aandoen. Als uiteindelijk de pijngrens bereikt is, mag je je terugtrekken. Iemand vergeven is niet hetzelfde als hem of haar blijven toestaan jou te beschadigen. Wat anderen jou hebben aangedaan, wat jij anderen of jezelf hebt aangedaan, mag worden vergeven. Simpelweg omdat vasthouden aan wraak of woede iedereen naar beneden haalt en vergeving mensen verder helpt.

Waarom is zelf-vergeving zo belangrijk? Omdat mensen die in staat zijn zichzelf te vergeven ook veel milder en menselijker voor de wereld zullen worden. Ze realiseren zich maar al te goed hoe kwetsbaar we met z'n allen zijn.

21 Veranderen

Als je iets wilt veranderen in je leven zul je rekening moeten houden met onverwachte saboteurs van binnenuit. Hieronder volgen een paar stappen waarmee je deze innerlijke tegenkrachten kunt blootleggen en aanpakken.

Stap1 : Welk positief doel zou je het liefst willen bereiken? Welke verandering of verbetering in je leven is daarvoor nodig? Wat moet of mag er anders? Maak concreet welke eerste stap je zou kunnen zetten.

Stap 2: Wel gedrag staat je vooruitgang in de weg? Wat doe je teveel of te weinig? Wat houdt je tegen op weg naar je doel? Stel je bijvoorbeeld van alles uit of heb je allerlei vormen van vluchtgedrag in plaats van constructieve actie te ondernemen voor je doel? Je hoeft je niet te verontschuldigen of iets te verklaren, kijk objectief naar je gedrag.

Stap 3: Heb je verborgen angsten of oude belemmerende leefregels? Welke piekergedachten zitten je dwars, net als je iets voor je positieve doel wilt gaan doen? In deze stap kun je ontdekken waar je jezelf tegen probeert te beschermen. Hoe mooi je doel ook lijkt, ergens ben je bang voor de eventuele gevolgen van het bereiken van je doel. Heb je bijvoorbeeld ooit uit een vorm van zelfbescherming met jezelf afgesproken dat je nooit.......(vul deze afspraak in).

Stap 4: Welke oude overtuigingen en opvattingen over jezelf, anderen en de wereld zijn de grootste saboteurs op weg naar je doelen? Onderzoek ze zorgvuldig want ze houden je gevangen in vaste patronen. Ooit voelde ze goed en veilig, maar ze hebben allang hun waarde verloren en het voelt bedreigend ze los te laten, omdat je dan je totale wereldbeeld moet aanpassen. Een logische verklaring voor oud gedrag, maar een grote belemmering voor positieve verandering.

Als je rustig de tijd neemt om over de bovenstaande vragen na te denken, zul je ontdekken dat ze tot belangrijke duidelijke inzichten kunnen leiden over je diepere beweegredenen. Mensen doen dingen nooit zonder daar een belangrijke innerlijke reden voor te hebben.

Zelfbegrip helpt je vaardiger te worden, zonder weg te zinken in zelfmedelijden. Schrijf erover en probeer te ontdekken waarom je de dingen wel of niet doet. Jezelf begrijpen maakt het makkelijker bij te sturen waar het nodig is. Je bent mooier, beter en wijzer dan je oppervlakkig gezien zou denken. Hoe vreemd het er aan de buitenkant soms ook uit kan zien, het juiste levenspad is voor ieder mens uniek.

22 Onbehagen

Ook al willen we vooruit, ons brein is een meester in het bedenken van duizenden redenen waarom wij niet goed genoeg zouden zijn. Hoe groter de uitdaging, hoe meer zelf-belemmeringen er in ons hoofd rond gaan. Gefrustreerd geven we soms al op voordat de eerste stap gezet is. In een ideale wereld zouden we overal op af gaan, maar helaas houden onze eigen gedachten ons te vaak tegen.

Negatieve gedachten zijn geen nieuws, ze zijn zeer voorspelbaar en ze zullen er helaas ook altijd zijn. Maar je kunt voorkomen dat je ze volkomen voor *waar* aanneemt.

Je bent *niet* je negatieve gedachten, het zijn vluchtige voorbijgaande verhaaltjes en ideeën. Nergens staat dat je ze direct moet bevestigen. Je hoeft je er niet mee te vereenzelvigen. Dus laat je er *niet* door van de wijs brengen. Laat even liggen waar je mee bezig bent, zodra de negatieve mist is opgetrokken, kijk je er weer anders tegenaan.

Mooie doelen zijn waardevol. Hoge doelen roepen de meeste angst op. Dat hoeft je er niet van te weerhouden het beste uit jezelf te willen halen. Maar voor ieder doel heb je voldoende interne en externe hulpbronnen nodig.

Daarnaast is het van groot belang met veel geduld je doelen in kleine haalbare deeltaken op te delen. Teveel eisen van jezelf in een te korte tijd maakt doelen onnodig zwaar. *Het is een veel grotere uitdaging de goede taken te doen dan de taken goed te doen.*

Klimmen op je persoonlijke ontwikkelingsladder kost inspanning, frustraties en moeite. Om maar te zwijgen over onzekerheid en twijfels. Bij elke stap vooruit zul je dus ook ruimte moeten reserveren voor deze moeilijke, pijnlijke bijverschijnselen. Ze horen er bij. Wachten tot ze voorbijgaan of volledige verdwijnen of er tegen vechten heeft weinig zin, je kunt ze hooguit iets verzachten. Des te meer redenen om trots te zijn op je moed en doorzettingsvermogen als je besluit toch de volgende stap omhoog te nemen.

Waarom zou je moeite doen je angsten te overwinnen? Is het niet makkelijker te blijven zitten waar je zit? Dat zou zonde zijn. *Je belangrijkste persoonlijke waarden en idealen verdienen meer inzet omdat ze het leven kleurrijker en mooier maken.* Als je vast komt te zitten in je belemmeringen, haal dan nog eens met volle toewijding terug wat voor jou echt belangrijk is.

23 Losmaken

Het commentaar van je eigen gedachten kun je in een vroeg stadium *opmerken*, *benoemen* en *neutraliseren*. Dit proces zou als volgt kunnen verlopen:

-Mijn gedachten slaan weer op hol (*opmerken*);
-Ik voel me angstig over wat er zou kunnen gebeuren (*benoemen*);
-Ik laat mijn gedachten als onweerswolken voorbij drijven en richt mijn aandacht op mijn taak (*neutraliseren*).

Groeien kost ongemak, spanning, pijn en vele onaangename gedachten. Durf je verder te gaan, op weg naar je doelen, terwijl je gedachten schreeuwen dat je het niet kunt of niet waard bent?

Zodra je weet dat forse twijfel of allerlei belemmerende herinneringen bij persoonlijke ontwikkeling horen, hoef je je er niet door te laten afschrikken.

Laat een reserve ruimte open in je hoofd voor deze obstakels en je kunt doorgaan. Je kunt kiezen: groeipijn of stilstaan. Groeipijn is niet prettig, maar stilstaan en achteruitgang zijn nog minder aantrekkelijk.

Angsten horen erbij in allerlei vormen. Zeker als je moe of overprikkeld bent, dan lijkt het nog meer alsof alle rampen jou persoonlijk zullen treffen. *Maak je leven simpeler, makkelijker en overzichtelijker.*

Neem kleine stappen. Zolang je leeft voor je waarden en idealen hoef je je nergens door te laten intimideren. Laat je motiveren door je wensen, zodat je niet hoeft te wachten tot alle onaangename gevoelens verdwenen zijn. Je wensen zijn je inspanning waard, stapje voor stapje.

Jezelf uitschelden of overdreven streng zijn, houdt je gevangen in dezelfde cirkels van belemmerend gedrag. Respectvol en begripvol onderzoeken wat je tegenhoudt, helpt je om negatieve patronen te doorbreken.

Kun je je pijn onderzoeken en er ruimte voor maken? Is het mogelijk ieder detail van nare gevoelens op te merken terwijl je rustig in en langzaam uitademt?

Je *bewust-zijn* van angst wordt niet bang, je *bewust-zijn* van pijn voelt geen pijn, je *bewust-zijn* van boosheid is niet kwaad, je *bewust-zijn* van verdriet, treurt nergens om. Je hogere bewustzijn is zuiver, vrij van emoties en pijn.

Er blijft gelukkig altijd iets te leren. Erken en waardeer je je oprechte inspanningen, los van het eindresultaat? Zolang je leeft vanuit je waarden en idealen kun je je makkelijker losmaken van zelfbelemmerende stoorzenders.

24 Veelzijdig

Zijn er gedachten en is er gedrag waardoor je je beter kunt voelen? Kun je loslaten en erop vertrouwen dat er ook veel goeds kan gebeuren? Heeft het zin positiever te leren denken?

Soms duiken er 'onderzoeken' op waar uit zou blijken dat positief denken of affirmaties niet zouden werken. Heel vreemd, met grote stelligheid wordt vervolgens door sommigen beweerd dat positief denken geen zin heeft of zelfs slecht zou zijn.

Maar wat is het alternatief: ....negatief denken? Tegen iemand die depressief is zeggen: 'je hebt gelijk, het heeft allemaal geen zin, er is geen hoop?'

Dagelijks worden er overal ter wereld voor miljarden aan positieve reclameboodschappen (de ultieme affirmaties) verspreid. Reken maar dat deze boodschappen werken. Door de eeuwen heen zijn er vele technieken ontwikkeld om mensen verder te helpen. Hoever je ook teruggaat, ze bevatten meestal dezelfde gemeenschappelijke kenmerken. Ook de noodzaak om je eigen denken te veranderen komt steeds, in allerlei vormen en onder allerlei nieuwe benamingen, terug.

Kijk kritisch naar mensen die claimen dat zij de enige werkende 'wetenschappelijk bewezen' techniek hebben ontwikkeld en die bovendien beweren dat iedereen voor hen het helemaal mis had.

Er is niet één waar geloof. Het is niet óf deze techniek werkt óf die techniek werkt. Maar gelukkig zijn er voor je persoonlijke ontwikkeling meerdere goed werkende technieken: positief én redelijk én kritisch denken én afstand nemen van je gedachten, compassie, acceptatie, verbeeldingskracht, meditatie et cetera. Uiteraard is teveel van het goede niet gezond, maar dat geldt voor alles in het leven.

In donkere tijden kun je je ook laten verrassen door eerder te kijken naar wat ons menselijk maakt. Wat zijn de goede kanten van anderen? De meeste mensen willen precies hetzelfde; iets waardevols nalaten, een kans krijgen iets te mogen betekenen, leren, gezien worden en het leven inhoud geven. Van 'monsters' weer 'mensen' maken nodigt anderen uit hun beste, vriendelijkste zelf te worden en dat kan alleen maar meevallen.

Vergeving en verzoening helpen de druk op relaties te verlichten. Voor pijnlijk en dom gedrag is er meestal wel een redelijke verklaring. Ook al zijn we geneigd snel te oordelen, na een bezinningsperiode kan blijken dat anderen liever handelen vanuit goede intenties. Een meer begripvolle, positievere houding stimuleert een goede samenwerking.

25 Mindfulness

Zal het me straks lukken om in het hier en nu te leven? Zal het goed gaan waar ik tegenop zie? Piekervragen hebben met elkaar gemeen dat ze altijd over momenten gaan waar je geen controle over hebt. Zo blijven ze angstbeladen.

Zodra je ergens over gaat piekeren kun je de vraag versimpelen en als volgt grijpbaarder maken; *vraag jezelf af of het je zou kunnen lukken om steeds terug te keren naar het hier en nu.*

Zal het me straks lukken om in het *hier en nu* te blijven, is beter haalbaar, dan je vertwijfeld af te vragen: of straks *alles* wel goed zal gaan. Meezeilen met de wind is eenvoudiger dan te proberen het weer te beïnvloeden.

Mindfulness kent vele voordelen, het verbetert je vaardigheid om nieuwe dingen te leren en te onthouden. Het helpt je angst te verminderen en redelijker te blijven denken. Ook is inmiddels, herhaaldelijk, aangetoond dat het goed is voor je stemming. Je inlevingsvermogen en mededogen voor anderen worden groter, zodat mindfulness, niet alleen voor jezelf, maar ook voor je omgeving, het leven aangenamer maakt.

Als je de tijd zou nemen om je gedachten rustig te observeren zul je ontdekken dat ze meestal over een van de volgende onderwerpen gaan: de toekomst, het verleden, gesprekken met anderen, lichamelijke gewaarwordingen en allerlei fantasieën over een beter leven. *Probeer eens rustig, met gesloten ogen, voor een paar minuten, na te gaan waar je gedachten zich mee bezig houden.*

Gewoon in het hier en nu blijven. Het klinkt bijna beledigend simpel. Vooral als je geconfronteerd met tegenslag van anderen of jezelf, kunnen je gedachten in paniek schieten of extra somber worden. Toch moet het mogelijk zijn rustig en mindful te observeren wat er vanbinnen en buiten je gebeurt. *Gewoon opmerken wat er is, zonder iets te hoeven veranderen.*

Hoe kun je extra goed voor jezelf zorgen en erop blijven vertrouwen dat het leven goed is? Ook al verandert alles voortdurend, midden in de drukte kun je je eigen ritme en balans steeds weer herstellen. Zien dat iedere verandering een groeikans biedt. Schrijven, mediteren, bewegen, muziek maken, creatief blijven, het draagt allemaal bij tot een beter welzijn.

26 Gedachte Meditatie Training

De onderstaande Gedachte Meditatie Training vergroot je opmerkzaamheid. Je herkent negatieve gedachten sneller, kunt er meer constructief op reageren en voorkomt daarmee dat je wegzakt in somberheid.

Negatieve gedachten en gevoelens zijn niets meer of minder dan 'mentale gebeurtenissen'. Ze zeggen niets over jou of over de realiteit; ze kunnen je waarde als mens niet aantasten.

Tijdens deze Gedachte Meditatie Training komen de woorden 'hier' en 'nu' regelmatig terug. Deze woorden kunnen helpen om je aandacht terug te brengen naar het heden,
ver verwijderd van zorgen waar je je op dit moment niet druk over hoeft te maken.

Piekeren heeft weinig met echt en concreet gevaar te maken. Het gaat er bij piekerangst steeds om wat er zou kunnen gebeuren. Niet over wat er nu gebeurt. Jij bent in het hier en nu, maar je gedachten vluchten ongemerkt steeds naar de toekomst. Je voert hele gesprekken met mensen die er niet zijn; je ziet gevaren die nu niet bestaan.

Met de Gedachte Meditatie Training leer je dat je altijd op kunt tegen het huidige moment. Niemand kan het gevecht winnen tegen iets dat alleen maar bestaat in angstige toekomstgedachten. Hoe meer je leert wat er nu is geduldig te erkennen en te aanvaarden, hoe beter je in staat zult zijn angst- en piekergedachten los te laten.

Tijdens deze Gedachte Meditatie Training hoeft je hoofd niet leeg of stil te worden. Laat zonder te oordelen gebeuren wat er gebeurt. Laat je gedachten stromen. Observeer met kalme acceptatie wat er in je omgaat. *Leer erop te vertrouwen dat je eigen lichaam en geest in het hier en nu altijd weten wat voor jou goed, gezond en veilig zal zijn.*

Bewust aanwezig zijn in het hier en nu, vrij van elk oordeel, leidt tot een groter bewustzijn, meer helderheid en aanvaarding van de werkelijkheid op dit moment.

Instructie voor de Gedachte Meditatie Training

Maak eerst een geluidsopname van de onderstaande tekst. Ga daarna ergens rustig zitten of liggen en sluit, indien mogelijk, je ogen en luister naar de volgende tekst:

Ik ontspan de spieren van mijn voorhoofd, ogen en kaken.
Ik neem afstand van de dagelijkse gebeurtenissen en concentreer mij op de oefening.

Voordat ik begin adem ik rustig in... en adem weer langzaam uit,
ik adem rustig in... en adem weer langzaam uit.

Mijn ademhaling is rustig

Ik richt mijn aandacht op mijn *lichaam*
Mijn lichaam is in het hier en nu
Mijn lichaam is in het hier en nu
Mijn lichaam is met kalme acceptatie
Volledig in het heden

Mijn ademhaling is rustig

Ik richt mijn aandacht op *mijn gedachten*

Mijn gedachten zijn in het hier en nu
Mijn gedachten zijn in het hier en nu
Mijn gedachten zijn met kalme acceptatie
Volledig in het heden

Mijn ademhaling is rustig

Ik richt mijn aandacht op *mijn gevoelens*
Mijn gevoelens zijn in het hier en nu
Mijn gevoelens zijn in het hier en nu
Mijn gevoelens zijn met kalme acceptatie
Volledig in het heden

Mijn ademhaling is rustig

Ik richt mijn aandacht op *wat er in mij omgaat*
Wat er in mij omgaat is in het hier en nu
Wat er in mij omgaat is in het hier en nu
Wat er in mij omgaat, kan ik met kalme acceptatie
Erkennen en aanvaarden

Mijn ademhaling is rustig

Ik richt liefdevolle aandacht op *mezelf*
Ik leef in het hier en nu
Ik leef in het hier en nu
Ik leef met kalme acceptatie
Volledig in het heden

Mijn ademhaling is rustig

Ik beëindig nu de Gedachte Meditatie Training.

Rek je, na het beëindigen van de Gedachte Meditatie Training, helemaal uit (maak een juichgebaar en trek je mondhoeken omhoog in een glimlach) en buig je hoofd voorzichtig even naar achter. Op die manier geef je, via je lichaam, aan je hersenen het signaal dat 'het goed is' en dat je klaar bent om met een positieve instelling verder te gaan met je dagelijkse bezigheden.

De woorden 'hier' en 'nu' kun je in jezelf herhalen op de momenten dat je piekergedachten of spanningen toe dreigen te nemen.

27 Verhalen

We hebben ons eigen unieke, authentieke levensverhaal. Het is goed je eigen verhaal te kennen en vooral te erkennen. Wat je hebt meegemaakt, bepaalt hoe je nu over je zelf denkt. Sommige problematische thema's lopen door meerdere familie generaties heen, geen wonder dat je er last van kunt hebben. *Mag je er zijn zoals je bent, of moet je je bestaansrecht eerst verdienen?*

Wat is jouw visie op je eigen verhaal? Durf je het te omarmen of verzet je je ertegen, ga je de uitdaging uit de weg? Verzet verlamt en ontneemt je het zicht op de krachtige, goede kanten van je persoonlijke ontwikkeling. Veranderingen gaan gepaard met pijn, maar zolang je bereid bent mee te buigen met wat er op je pad komt, zal je vertrouwen beloond worden. Wat je bang bent te verliezen wordt, als je doorzet, met liefdevolle rente, ruimschoots terugbetaald.

Je eigen verhaal bevat een hele reeks levenslessen. Sommige zijn functioneel, andere lijken eerder tegen je te werken. Houd ze nog eens zorgvuldig tegen het licht. Welke helpen je verder en welke saboteren je doelen? Durf erop te vertrouwen en erin te geloven dat je waarschijnlijk meer kunt en verder bent dan je nu denkt.

Als je thuis komt bij je emoties, ben je thuis in je leven. Kijk rustig naar je emoties, probeer ze te accepteren, ze bevatten belangrijke informatie en bepaal, na een pauze, hoe je het beste kunt reageren. Vergeet ook niet bewust te registreren wat er, dankzij jou, goed gaat.

Sommige oude verhalen maken je overgevoelig. Dus als je onverwachts in bepaalde situaties veel stress voelt, kan het lonen, eerst goed na te gaan of je schrik terecht is. Wellicht was een soortgelijke situatie vroeger onaangenaam, maar is er nu geen reden meer om je er zo druk over te maken. Even rustig in- en uitademen en kalmeren.

Je hoeft alleen maar terug te denken aan alle eerdere dingen in je leven waar je je vreselijk druk over hebt gemaakt om te beseffen dat stress niets nieuws is, en vaak gelukkig, achteraf gezien, sterk overdreven was.

Hoe belangrijk je verhalen uit je verleden ook zijn, sta niet toe dat ze je beperken. Laat wat er vanaf nu allemaal mogelijk is, met behulp van je meest optimistische verbeeldingskracht, je allerbeste toekomst bepalen.

28 Vooruitdenken

Het is een natuurlijke reactie, bij stress te ver vooruit denken. Alsof je de toekomst magisch wilt bezweren. Maar je kunt vandaag nooit de zekerheid krijgen dat morgen alles goed zal gaan. Daar zit het probleem, je geruststelling blijft ongrijpbaar.

Er is wel een andere mogelijkheid de toekomst gunstig te beïnvloeden. Door nu met de beste intenties goede dingen te doen, vergroot je je eigen kansen op succes. *Iedere dag brengt nieuwe kracht, betere gedachten en nieuwe kansen.*

Dagelijks werken aan kleine, positieve veranderingen in je leven heeft wel degelijk zin. Een gerichtheid op wat er goed is zal meer onverwachte prettige gebeurtenissen brengen. Al was het maar omdat je voor jezelf besloten hebt dat je het wel waard bent om gelukkiger te worden. Ook al lijkt er soms een grauwsluier over de dagen te hangen, je kunt zomaar onverwachts verrast worden door een liefdevolle uiting of teken van oprechte waardering.

Hoe kun je iets minder een boeman en iets meer een Boeddha voor jezelf worden? Teleurstellingen en tegenslagen doen pijn. Helaas doen veel mensen daar nog een schepje bovenop door zichzelf overal de schuld van te geven. Maar het onheil komt, vaker dan ons lief is, van buitenaf, zonder dat we er veel aan kunnen doen. Lastig te accepteren.

Gelukkig, is er ook een overvloed aan goedheid. Zodra je je daar voor openstelt, er volledig op vertrouwt en alle positieve meevallers weet te waarderen zal het heden mooier worden. Waarom zou je niet geloven in geluk, je beste kansen en rijke ervaringen? Er is zoveel moois, zoveel liefde te ontvangen. Laat je niet belemmeren door onzekerheid, neem het voor wat het is, een irreële angst.

Als tussenstap naar minder ver vooruit denken, kun je proberen je gedachtestroom bezig te houden met meer 'neutrale' onderwerpen. Zodra we 's ochtends wakker worden, begint onze gedachtemachine als een razende te zoeken naar piekergedachten.

Observeer kort wat er gebeurt, adem rustig en probeer aan minder bedreigende dingen te denken, muziek, het weer, je huis of wat dan ook.

Zo kun je je gedachtestroom geleidelijk aan een andere kant op leiden en rustiger blijven. Vanuit deze rust is het nog maar een kleine stap naar het hier en nu.

29 Dagdromen

Stress, frustraties en teleurstelling, ze komen iedere dag voorbij. Meer dan ons lief is. Zeker als je voor uitdagingen staat, krijg je te maken met onzekerheden en twijfels. Ze zijn niet het bewijs van je onvermogen, maar tonen aan dat groeien extra inspanning kost.

Als je maar blijft malen over wat er mis zou kunnen gaan, voed je je angsten. Rondspokend blijven ze je aandacht opeisen, vooral 's nachts en rond het inslapen ben je een makkelijke prooi voor ze.

Wetende dat je niet om levenspijn heen kunt. Waar zou je dan voor kiezen? Alleen overgeleverd zijn aan de pijn of zou je ook nog getroost en gekalmeerd willen worden? De meeste mensen zouden uiteraard voor de laatste optie kiezen. Gelukkig, zijn troost en kalmerende woorden, vanbinnen, altijd beschikbaar.

Met volle aandacht rustig ademen en in het huidige moment blijven, bieden je bij angst en onzekerheid precies wat je nodig hebt. Een eeuwenoude

Boeddhistische techniek, zonder moeite eenvoudig toe te passen. Geruststellend en genezend.

Vlak voor het slapen gaan heb je een extra kans om je brein positief te beïnvloeden. Als je op dat moment gaat fantaseren over je meest ideale toekomst, vul je je onbewuste met goede beelden en ideeën. Rustig fantaserend droom je over waar je naar toe wilt met je leven. *Alsof je aan een kind, vlak voor het slapen gaan, een prachtig verhaal voorleest. Veilig en warm ingestopt onder de dekens.* Nare gevoelens verdwijnen en maken plaats voor een bemoedigende geruststelling.

Overdag zul je met geduld en geloof erop blijven vertrouwen dat je wensen mogen uitkomen. Zodra je duidelijk als feit gaat voelen dat je dagdromen te verwezenlijken zijn, zal je intuïtie manieren vinden om je verder te helpen.

Luisteren naar je intuïtie is soms beangstigend, je lijkt de verkeerde beslissingen te nemen. Maar van zuiver genomen beslissingen, zal achteraf steeds weer blijken dat ze goed waren. Laat je vooral niet van het spoor brengen door wat anderen mogelijk zouden kunnen denken. Hoe moeilijk het soms ook is, laat los, wat niet goed of gezond voor je is.

30 Bijsturen

Positief denken is niet altijd even makkelijk, maar positieve informatie verzamelen kan altijd. Daarmee vergoot je de kans aanzienlijk dat je meer hoop en vertrouwen krijgt. Gezonde, voedende en optimistische kennis is overal te vinden. Het is ook een van de belangrijkste doelen van onze zelfhulpboeken en werk, mensen helpende informatie bieden en moed inspreken.

Als je je wanhopig voelt kan het bieden van hoop, hoe weinig ook, je weer uit het dal halen. Meer hoop betekent betere resultaten op vele gebieden. *Zolang mensen vast zitten in negatieve emoties kunnen ze gewoonweg niet redelijk meer denken.*

Je hoeft geen grote risico's te nemen of veel te veranderen. Licht bijsturen of net even iets anders gaan doen, is voldoende voor het kalmeren van een stroom negatieve gedachten. Probeer iets vriendelijker voor jezelf te worden, in plaats van volledig weg te zakken in zelfverwijt en schuldgevoelens.

Er is een fenomeen dat gepaard gaat met positief denken waar je bedacht op moet zijn. Zodra je start met positiever te denken en te leven, lijkt alles in je brein, lichaam en omgeving zich te gaan verzetten tegen deze aanpak. Je vertrouwen wordt tijdelijk zwaar op de proef gesteld, alsof alle ellende vrijkomt. Het kost moeite oude bekende patronen te doorbreken.

Negativiteit wil winnen. Maar als je door het dal heen durft te gaan, komen er nieuwe, lichtere, heldere inzichten. Alsof de rommel is opgeruimd, de lucht is opgeklaard. Vervolgens zul je, net als bij een actief fitness programma, je positieve denkstijl moeten blijven onderhouden. En ook als volgen er nog vele dalen, geleidelijk aan worden ze minder diep en pijnlijk.

Als je toch nog geconfronteerd wordt met minder goed nieuws, kun je vertrouwen op het zelfherstellende vermogen van je brein. Na de eerste schrik, komt er al snel een stroom van herinneringen op gang die helpen de pijn te verzachten of schade te herstellen. Richt je aandacht vooral op deze vermeldenswaardige, constructieve informatie. *Wat anderen ook beweren; je leven verbeteren heeft wel degelijk zin.*

31 Wonderen

Rust en berusting, af en toe kun je ze urenlang als een warme deken voelen. Alsof alles op zijn plek valt en klopt, tijdelijk voorbij de problemen en levenspijn. Toestaan dat er voldoende hoop, plezier, liefde, vriendelijkheid, groei, overvloed, gezondheid, en kracht is om van te mogen genieten. *Simpele acceptatie* legt een stevige bodem voor groei en persoonlijke ontwikkeling.

Onze menselijke basis is groot, goed en mooi. Een onomstotelijke waarheid, die we door de stormen van het leven, voor kortere of langere tijd, soms niet meer kunnen voelen. Als je afgestemd bent op de bron van al je kracht dan zul je zien dat je beperkingen en tekortkomingen en veel van je negatieve gedachten *illusies* zijn, vals en niet waar. Meestal aangepraat door anderen.

Wat voelt beter? Egoïsme, steeds meer willen, moeten winnen, (ver)oordelen óf de eigenschappen van je hogere zelf, zoals: helpen, genegenheid tonen en vanuit rust leven zonder (voor)oordelen?

Is het voorstelbaar dat je steeds dichter bij je mooiste doelen komt? Met behulp van je verbeeldingskracht duidelijk zien en voelen wat je wilt bereiken, vergroot je kans op succes. *Alles wat nu tastbaar en bewezen is, was ooit in het verleden nog een fantasierijke droom.*

Werk je *vanuit* je ideale doelen of werk je naar je doelen toe? In je dromen is het goed je voor te stellen dat je wensen al vervuld zijn. Vervolgens kun je met de energie van je 'uitgekomen wens', stap voor stap de werkelijkheid gaan invullen. Aangezien alle voordelen van je wensen al voelbaar zijn, als je werkt *vanuit* je verbeelding, zul je de kansen om je doel te bereiken sneller herkennen en grijpen. Rijkdom, vanbinnen, vanuit je verbeeldingskracht, kent geen grenzen en biedt je volop waardevolle, wonderlijke kansen.

Blijven dromen, blijven zien waar je naar toe wilt, leert je dat oude beperkingen daadwerkelijk achter je liggen. *Bij een vlucht vooruit passen alleen nieuwe kansen. Het gaat er niet in om wat er nu zichtbaar is, maar om welke wonderen er mogelijk zijn.*

Niets hoeft je er van te weerhouden op dit moment al te voelen en voor je te zien, waar je graag naartoe wilt. Ondanks je angsten en pijn, stromen rust en een allesomvattende, onvoorwaardelijke, liefdevolle energie *nu* ook al door je heen.

32 Vermijdingsgedrag

Angst kan onverwachts met je op de loop gaan. Soms zo erg dat de gevreesde rampen zich niet makkelijk laten navertellen, alsof je in een beklemmende donkere nachtmerrie terecht bent gekomen. Op het moment dat je weer rustig bent, ziet de wereld er heel anders uit. Je kunt opnieuw zien hoe mooi het leven kan zijn.

Geruststelling is maar een paar diepe ademhalingen van je verwijderd. Het is dichterbij dan je denkt. Onderzoeken tonen, keer op keer, aan dat optimisme, hoop voor de toekomst en aandacht voor zin- en betekenisgeving mensen beschermen en gezonder houden.

Gemoedsrust is van nature in iedereen aanwezig, door rustiger en kalmer te worden, komt het geleidelijk aan vrij. Paradoxaal genoeg is de ultieme vorm van positief denken juist *niet-oordelen,* maar bewust 'aanwezig zijn en ervaren'. Oordelend denken haalt je weg uit het hier en nu.

Via meditatie komt er een hele reeks aan aangename gevoelens vrij. Na geconcentreerde meditatie volgt er meer welzijn. Het geeft je de energie om redelijker om te gaan met wat er op je afkomt. Ook zul je met hulp van je volle aandacht de confrontatie met je eigen pijn beter aankunnen, zodat ongezond vermijdingsgedrag overbodig wordt. Zo kom je, stap voor stap, veilig thuis bij jezelf.

Iedereen kent lijden en we proberen er op onze eigen manier aan te ontsnappen. We doen krampachtige pogingen het met geld af te kopen, met schoonheid te verleiden, met kennis weg te redeneren of met een verslaving te verdoven. Er zijn vele manieren om er voor weg te lopen. Allemaal tevergeefs.

Menselijke kwetsbaarheid betekent dat we te maken krijgen met onzekerheden, risico's en emotionele pijn. Het durven ervaren en delen van deze onvoorspelbare problemen maakt je sterker en het vergroot je begrip en inlevingsvermogen. *In onze pijn zijn we gelijk.*

Met behulp van eenvoudige, helpende mindfulness-technieken kun je er rustig vanbinnen naar kijken en de confrontatie ermee aangaan. *De positieve energie van mededogen, begrip en liefdevolle aandacht zullen de pijn verzachten.*

33 Perceptie-verandering

Lastige taken, ze horen erbij. Thuis, op je werk en voor je studie. Wie professioneel bezig wil zijn, wordt tegenwoordig overspoeld met een hele reeks bekwaamheidseisen. Vaak hebben ze weinig te maken met de inhoud van het werk, en zijn ze bedacht door goedbedoelde commissies van 'kwaliteitsbewakers'. Je kunt je er tegen verzetten, maar dat is verspilde energie en bovendien zet je jezelf daarmee buitenspel.

Als je situaties niet kunt veranderen, dan is het handiger je gedachten erover te veranderen. Je zou er bijvoorbeeld een spel van kunnen maken om alles wat er moet gebeuren om te zetten in haalbare 'studiepunten'. Dat is extra leuk als je een passie voor leren hebt. Zo kun je iedere dag wat punten verzamelen, iets bijleren en werken aan je eigen ontwikkeling.

Ook troostend is het idee dat iedereen dit soort taken moet uitvoeren. Dat geeft, op zijn minst, een gevoel van lotsverbondenheid. Veel mensen worstelen met hetzelfde probleem. Laat ruimte in je agenda voor dit soort taken. Juist de korte lege momenten op een dag, wanneer je wat even doelloos rondkijkt op internet, kun je goed benutten om telkens even kort aandacht te besteden aan een kleine lastige (deel)taak of 'noodzakelijke bijzaak'.

Stel dat het je zou lukken om je hele gedachtestroom, al je piekergedachten en angsten om kon zetten in positieve energie. Wellicht kun je gebruik maken van de volgende geluksmantra KOM OP: Kansen, Overvloed,

Mogelijkheden, Optimisme én Positivisme.

Steeds als je gedachten afdwalen naar nieuwe 'rampen', stuur je ze via de bovenstaande woorden de ander kant op. *Gratis mentale zonne-energie. Mooie gedachten, met een glimlach, staan je beter dan de laatste mode.*

Beloon jezelf - tussen de dagelijkse stress door - met kleine stemmingsverbeteraars, zoals even ontspannen, muziek luisteren, naar buiten gaan, aan iemand denken, iets positiefs lezen et cetera.

Werk wordt dragelijker als je er meer betekenis aan kan geven. Ook al zie je van sommige verplichte taken de zin niet, probeer er toch zo'n draai aan te geven dat ze voor jou persoonlijk zinvol worden. Al was het maar hoe je kunt leren van frustraties uitdagingen te maken. Vaak voel je je achteraf beter, als je toch doorgezet hebt, of ga je de waarde van een taak later alsnog inzien.

34 Crisis

In onze ontwikkeling maken we meerdere crisissen mee. Als je er middenin in zit is het zeker geen pretje, maar achteraf kun je er je voordeel mee doen. Groeien doet soms pijn. Maar hopelijk kun je na de pijn constateren dat je verder bent gekomen en er wijzer van bent geworden. Waarschijnlijk leer je in de loop van je leven ook dat problemen zich weer oplossen en durf je erop te vertrouwen dat het ook weer goed kan komen.

In moeilijke tijden zijn hoop en optimisme onmisbaar, ze dienen als een schild tegen depressie. Optimisme ontwikkelen gaat niet vanzelf. Zodra je geleerd te vertrouwen op een gunstige afloop, blijf je langer gemotiveerd om door te zetten als dat nodig is.

Het is gezond om te weten dat je tot veel in staat bent, dat geluk altijd weer terugkomt en dat positieve ervaringen exponentieel kunnen toenemen.

Evenwicht mag een toevluchtsoord worden. Wanneer het je lukt negatieve gedachten om te zetten naar redelijke gedachten zal dat je meer positieve energie opleveren.

Levenslust wordt gevoed door optimisme. Onderzoek zorgvuldig of negatieve gedachten kloppen, vaak zijn er voldoende prettiger alternatieven beschikbaar. Als negatief denken je niet helpt, waarom zou je er dan aan vasthouden?

Bij verdriet kun je geneigd zijn te gaan dwalen en te verdwalen in het verleden. Structuurloos verdwijn je in oude herinneringen. Op zich is er niets mis met mijmeren over vroeger, maar probeer, wanneer je te diep dreigt weg te zinken in oude pijn, over te schakelen naar een optimistische denkwijze. Bijvoorbeeld door alle cruciale succesmomenten heel bewust terug te halen. Klein en/of groot op elk gebied. *Zo wandel je via je levensmijlpalen terug naar een zonniger moment in het heden.*

Vraag jezelf steeds af of er oplossingen voor je huidige problemen zijn. Ook al zie je ze niet direct, ze moeten er zijn. *Iedere persoonlijke crisis eindigt vroeg of laat in een rustpauze waarin de stukjes van de moeilijke puzzel weer op hun plek vallen.*

Je best mogelijke toekomst moet nog komen. Zolang je het meest ideale beeld van je leven voedt en koestert, zul je merken dat je belangrijkste doelen altijd haalbaar blijven.

35 Toewijding

Verantwoordelijk leven, jezelf ontwikkelen en zorgen voor wat er nodig is. We krijgen te maken met allerlei eisen en plichten, moeilijke keuzes of dilemma's en ook al lijken de gewone dagelijkse dingen niet veel voor te stellen, je moet het toch allemaal maar doen. Maar, uiteindelijk draait het om één belangrijke vraag, kies je voor rust of onrust?

Is innerlijke rust als een simpel en helder doel te visualiseren? Ook al gebeurt er nog zoveel in je leven, je blijft in staat zelf te bepalen hoe je met je gevoel omgaat. Ondanks alles wat je, tot nu toe, is overkomen, kun je kiezen voor kalmte. Net zoals je beleefd mag weigeren met bepaalde mensen om te gaan die niet goed voor je zijn, kun je ook weigeren je door wie of wat dan ook ongelukkig te laten maken. *Keer terug naar vandaag.*

Niemand weet wat de toekomst zal brengen en dat kan soms zeer beangstigend zijn. Je gedachten blijven malen om alle mogelijke rampscenario's te bezweren, maar daar wordt je niet echt rustiger van. Doe wat de Engelse zeggen bij calamiteiten: 'Keep calm and carry on' (Blijf kalm en gewoon doorgaan).

Aan de oppervlakte van ons onrustige piekerbrein razen de vreselijkste stormen. Maar diep daaronder is er een oase van rust. Denk aan een onstuimige zee, beïnvloedt door de weersomstandigheden, in de diepte blijft het rustig. De stilte van binnen is altijd bereikbaar.

Stel dat je, ondanks je zorgen, toch zou proberen jezelf te kalmeren met de ontspanningstechnieken die er voorhanden zijn? Dan blijf je ervaren en voelen wat er gebeurt, zonder overdreven te reageren. Ondertussen ga je gewoon door met je dagelijkse bezigheden, constructief. Wanneer je onrustig wordt, herhaal je vanbinnen: 'ik vertrouw er op dat het goed komt'. Er zullen ook mooie en prettige dingen gebeuren.

Verder is er natuurlijk de rustig makende invloed van de toewijding. Genegenheid, vriendschap, warmte, waardering voor alles waar je maar liefde voor zou kunnen voelen. *Met voldoende toewijding smelt angst weg, het is vaak belangrijker dan moed.* Hoe groter de aandacht voor wat je doet, des te minder ruimte er is voor angst.

36 Verbonden

Een relatie kan soms bedreigend lijken. Zeker als je op zoek bent naar de meest ideale partner. Je wilt zweven, spanning en de mooiste, kleurrijke dromen ervaren. Stel dat je de verkeerde keuze maakt?

Uit angst zich te moeten binden kiezen sommige mensen liever voor de korte kick van verliefdheid dan te investeren in een meer stabiele relatie. Ze vergeten dat soapdrama's en/of impulsiviteit niets met intimiteit te maken hebben.

De werkelijkheid van diepe liefde is op het eerste gezicht lastiger te herkennen, maar wel blijvender en steviger. Het lijkt nog het meest op de mooiste vormen van vriendschap, gebaseerd op vertrouwen, respect, overeenstemming, gezelligheid , verbinding, steun en betrokkenheid.

Bij een relatie hoort zelfvertrouwen. Je voorkomt dat je je verliest in de gedachte dat anderen meer de moeite waard zijn dan jij, door vooral te kijken naar je eigen unieke capaciteiten en mogelijkheden. Zelf in beweging komen en risico's durven nemen helpt ook de liefdesgoden gunstiger te stemmen.

Ingebeelde beperkingen zijn een illusie. Je zult precies zoveel ontvangen als je jezelf durft toe te staan.

Durf je te geloven in het goede van andere mensen? De wonderen zijn de wereld nog niet uit en soms kan iemand je zomaar verrassen met iets positiefs terwijl je dat nooit meer verwacht had. Ook al ben je ooit teleurgesteld, misschien kun je anderen toch een volgende kans gunnen. Zeker als ze hebben laten zien dat ze veranderd zijn. Wellicht is er meer liefde dan je dacht?

Ontspannen naar menselijke onvolkomenheden kijken, maakt je milder, kalmer en stabieler. *Steeds een beetje in liefde investeren zal uiteindelijk lonen.* Wie is er niet op zoek naar iemand die bereid is te investeren in vriendelijkheid en aandacht? Leer te kijken met je hart.

Je hebt veel te geven en mag dat met anderen delen. Ook al lijkt aantrekkingskracht vooral voort te komen uit perfectie, de meeste mensen snakken eerder naar goedheid, vriendelijkheid en begrip. Je gouden zelf én iedere doelgerichte inspanning om het welzijn van anderen te bevorderen zal, naast dat het de grootste geluksbrenger is, zeker opgemerkt worden.

37 Ongemak

Het liefste hebben we een abonnement op geluk en gemak, zonder enige beperking. Ons lichaam denkt daar regelmatig anders over. Pijntjes, bultjes, kwaaltjes en alle zorgen die daar bij horen, komen regelmatig langs. Ze jagen ons schrik aan of kunnen zeer frustrerend zijn. Ongemak en pijn horen bij het leven. Ze houden ons alert en maken ons menselijk.

Gelukkig is de meeste lichamelijke last tijdelijk. Ook al willen we er voor weglopen, op zoek naar plezier, het is ook mogelijk er met zorg en aandacht naar te kijken. *Zie ongemak als een teken van leven, een moment om te luisteren naar een lichaam dat je er aan herinnert dat iedere ervaring telt.*

Gezondheid zit vanbinnen. Mensen zijn geneigd zichzelf te verliezen in de details van de dagelijkse gebeurtenissen en raken het overzicht kwijt. Als je ergens mee zit kan het lonen om stil te staan bij je interne en externe spanningen.

Veel lichamelijk ongemak gaat gepaard met stress. Zodra je deze stress onder ogen ziet en benoemt, krijg je meer begrip voor wat er met je gebeurt. Vervolgens kun je je weerstand versterken door rustig te bekijken wat je dwarszit en eventueel je gedachten positief te veranderen. Dat kan weer helpen om te relativeren en onnodige conflicten te voorkomen.

Hoe kun je voorkomen dat je je van de wijs laat brengen door vluchtige, voorbijgaande meningen uit je omgeving? Je bent in ieder geval aan niemand verantwoording verschuldigd over je persoonlijke ervaringen. Respect voor de ander én rekening houden met je eigen gevoel gaan goed samen. Anderen reageren meestal op je gedrag, als je uitstraalt dat je je eigen emoties bagatelliseert, dan zal de ander dat ook doen.

Is het mogelijk terug te keren naar je oorspronkelijke goede intenties? Durf je het al aan om je ook - steeds iets meer - gezonder, mooier en sterker te voelen? *Als je echt zou weten welk potentieel je tot je beschikking had, dan hoefde je jezelf niet meer zo op te jagen.*

Vanuit een ontspannen, evenwichtige levenshouding is het ontkennen, verdedigen of buitensluiten van ervaringen niet langer meer nodig. Wanneer je mag *zijn* wie je bent, op dit moment, ben je beter in staat de onvermijdelijke dagelijkse ongemakken te accepteren.

38 Erkenning

Voor sommige mensen is het zo moeilijk te zien wat ze goed hebben gedaan. Soms zijn ze al jarenlang gewend zichzelf te overspoelen met negatief commentaar. Zonder oog voor hun eigen menselijke kwetsbaarheid blijven ze maar op zichzelf inhakken. Alle het negatieve commentaar uit het verleden wordt eindeloos herhaald. Geen wonder dat ze zich down en hopeloos voelen.

Als je vooral bezig bent met je tekortkomingen, waar haal je dan openheid, enthousiasme, dankbaarheid, hoop en liefde vandaan? Zodra je rustig en bewust naar jezelf leert te kijken, zul je vanzelf gaan opmerken dat er ook meer dan voldoende kwaliteiten zijn. *Net zoals je voorbij een prachtige tuin kunt lopen zonder echt te kijken, kun je ook ongemerkt aan jezelf voorbijgaan.* Leer te zien, te voelen en ervaren wat er vanbinnen aanwezig is.

Nu mag en kun je tevreden zijn met waar je, op dit moment, bent in je leven. Wie de tijd neemt om langzamer te gaan leven zal zien dat er veel goeds is. *Je huidige leefsituatie is goed, totdat.... er iets beters komt. Dan is het vroeg genoeg om te kijken wat je wilt.*

Het leven is helaas maar al te vaak een hele dure les in 'loslaten.' Wanneer je onrecht wordt aangedaan, ben je geneigd jezelf te verliezen in allerlei vecht-scenario's. Zodra je daar aan toegeeft zal het probleem alleen maar groter worden en kom je in een eindeloze drama-soap terecht. Mensen willen gelukkig zijn en handelen meestal vanuit positieve intenties. Toegegeven, soms zijn die niet altijd direct zichtbaar in hun gedrag.

Het *onvermogen* van mensen is soms groot, dat onder ogen zien en begrijpen zal de pijn van het onrecht geleidelijk verminderen. Zo kun je het probleem laten waar het thuishoort, bij de tekortkomingen van degene die niet eerlijk is.

In plaats van keiharde kritiek zou je ook vriendelijk, mild en begripvol kunnen zijn bij pijn of lijden. Onze strijd en pijn hebben we als mensen gemeenschappelijk, niemand uitgezonderd.

Ook al voel je je nog zo eenzaam, mislukt of afgewezen, de kans is groot dat mensen in je omgeving precies hetzelfde ervaren. Door het erkennen van deze realiteit, zul je het leven gaan zien zoals het is, zonder zelfveroordeling, zonder ontkenning of onderdrukking.

39 Kiezen

Tevredenheid heeft te maken met de verwachtingen die je van het leven hebt. Als je steeds van alles het allerbeste eist, zul je sneller teleurgesteld raken. De zon zal niet elke dag voluit schijnen. Als je kunt accepteren dat 'gewoon' vaak ook goed genoeg kan zijn, zul je meer voldoening gaan ervaren. Ultieme keuzes bestaan niet, elke beslissing kent zijn eigen voor- en nadelen.

Je kunt kiezen voor blijven presteren, en langzaam, maar zeker het slachtoffer worden van onverzadigbare ambities. Maar je mag ook wel eens zeggen: 'genoeg is genoeg'. Het kan gezond zijn om ontspanning als leidraad te nemen. Zeker als je echt al het een en ander hebt neergezet.

Groeien, puur om het je goed doet, is nooit een probleem. Het komt voort uit flow, maar krampachtig streven naar meer, gaat ten koste van je levensvreugde en relatie(s).

Denk je blij, ben je blij, straal je onbevangen blijheid uit, praat je optimistisch, voed je jezelf met positiviteit? Hoe vaker en meer je dat zult doen, des te groter je dagelijkse geluk zal zijn.

Je kunt de dag beginnen met een glimlach en zo het signaal aan je brein geven dat er ruimte is voor schoonheid en nieuwe kansen. Daarmee onderbreek je de automatische keuze-stress piloot.

Teveel keuzemogelijkheden geeft extra stress en veroorzaakt besluiteloosheid. In plaats van de meest optimale keuze te willen maken kun je dan maar beter gaan voor een beslissing waar je redelijk tevreden mee bent. Stel je perfectionistische verwachtingen naar beneden bij, zodat ze passen bij de realiteit. Zo voorkom je veel onvrede. Op de lange duur heb je daar het meeste plezier van.

Bij achteraf-twijfels is het van belang je aandacht te richten op de goede kanten van eerder gemaakte keuzes. Als je toch wilt terugkomen op een beslissing, wacht dan tot je stemming weer in evenwicht is. Bij een sombere stemming zul je sneller geneigd zijn jezelf en je omstandigheden af te keuren.

Hoe voelt een beslissing in je lichaam, wat denk je als je goed uitgerust bent? Volhouden en vasthouden zijn soms belangrijker dan veranderen, na een tijd kan blijken dat je wel degelijk op de goede weg bent.

40 Innerlijke rust

Je kunt overal in deze wereld zoeken naar geluk en wie weet wat je zult vinden. Maar blijvende voldoening zit vanbinnen, hoe meer innerlijke rust, des te groter je geluk. Het kost je verder helemaal niets. Rustig je ademhaling volgen is voldoende.

Rust bevat zowel kalmte als helderheid. Met deze twee ingrediënten kun je de wereld aan. Ze plaatsen je in een wijzere positie ten opzichte van andere mensen en gebeurtenissen. Er komt dagelijks zoveel op ons af, golven van verdriet, pijn, angst, boosheid en vele andere emoties. Vanuit innerlijke rust kun je deze stormen beter doorstaan.

Als je oorspronkelijk basis bestaat uit aanvaarding en tevredenheid, dan hoef je daar alleen maar naar terug te keren. Welke omzwervingen je ook maakt, terug naar jezelf, betekent terug naar je kracht.

Anderen mensen, in stilte, voorspoed toewensen, zal iedere interactie, gunstig beïnvloeden. Met rust creëer je vanbinnen ruimte, met goede wensen of positieve intenties voeg je aan de buitenwereld steeds een beetje meer warmte toe.

Een gezond emotioneel evenwicht in je leven biedt je de mogelijkheid volledig op te bloeien. Alles wat je denkt, voelt en doet is afhankelijk van waar je je aandacht op richt. Zou het je lukken oog te houden voor wat er *goed* is?

Negatieve emoties lijken zwaarder omdat je niet lang genoeg stil blijft staan bij successen. Je emoties in balans brengen kost inspanning, maar het loont de moeite er dagelijks in te investeren. Veel gaat er helaas al vanzelf mis, dus waarom zou je daar bij stil moeten blijven staan? Richt je op positief nieuws (gebruik het als zoekterm op internet).

Kun je oogsten wat er nu al is gelukt, zonder te vergelijken en zonder te ver vooruit te kijken? Wil je je leven verlichten of verduisteren? Het is niet zo'n kunst het slechte in jezelf of anderen te zien. Een negatieve blik is bijna standaard. Veel lastiger is het op zoek te gaan naar het beste in anderen en jezelf.

Ken je het fijne gevoel van iets totaal nieuws te ervaren of te krijgen? Dat is precies wat mensen met innerlijke rust doorlopend meemaken. *Steeds opnieuw dat frisse, prettige, open gevoel.* Te mooi om waar te zijn en helemaal gratis. Deze rijkdom zal positieve mindfulness je brengen.

41 Verleden tijd

Hoe we ons voelen lijkt een gevolg te zijn van externe omstandigheden. Dat is gedeeltelijk ook waar, voor ongeveer bijna de helft van onze stemming zijn we overgeleverd aan wat er gebeurt. Maar gelukkig is er nog een andere helft van onze stemming die we wel degelijk gunstig kunnen beïnvloeden. Dat is goed nieuws.

Een belangrijk obstakel naar geluk is ons persoonlijke verleden. Het verleden vreet energie, we hebben er vaak teveel negatieve lessen geleerd. Somberheid en verslavingen komen voort uit de onverwerkte pijn van eerdere levenservaringen. Op het moment dat er iets vervelends gebeurde waren we, door alle stress of onervarenheid, nog niet in staat om volledig te begrijpen en te verwerken wat ons overkwam. Daardoor trokken we de verkeerde conclusie over onszelf, anderen en de wereld.

Het verleden kan een loodzware last zijn om mee te dragen. Vooral als je bedenkt dat het is opgebouwd tot de dag van vandaag aan toe. Hoe ouder je wordt, hoe meer je met je mee moet slepen. Zeker als je nooit geleerd hebt hoe je het verleden moet verwerken, dat werd ons niet onderwezen op school.

De omvang van de last van het verleden bepaalt hoe je je nu voelt. Heb je een licht, gemiddeld of zwaar verleden? In psychotherapie kun je leren te zware levensverhalen los te laten of ze te herschrijven, zodat ze je niet meer hinderen, maar juist verder helpen. Een te zwaar verleden kan ook een rijk verleden worden als je geholpen wordt met, wat je overkomen is, te verwerken.

Je kunt leren je frustraties en oude pijn los te laten. Levenskunst betekent dat je blijft leven in het heden. Onbevangen, net als een onschuldig kind. *Als je, door de last van het verleden, het contact met het hier en nu kwijt raakt, mis je alle kansen, rijkdom en schoonheid in en om je heen.*

Wat vind je de moeite waard om te doen? Wat kan je leven nu richting en betekenis geven? Wat maakt je tevreden? Belangrijke vragen voor het ervaren van meer voldoening in het hier en nu.

Je ervaringen zijn op allerlei manieren te beschrijven. Redelijke woorden en beelden veranderen je beleving. *Blijven observeren wat er goed gaat, geeft aanzienlijk meer verlichting dan blijven stilstaan bij wat er misging.* Geluk vraagt een open, creatieve houding ten opzichte van wat er op je afkomt. Steeds weer is het de vraag hoe je het beste van je huidige omstandigheden kunt maken.

42 Focus

Zijn we willoze slachtoffers van wat er gebeurt? Over de buitenwereld hebben we maar in zeer beperkte mate controle, maar op onze binnenwereld hebben we meer invloed. Je kan en mag je eigen lot bepalen. Meesterschap en levenskunst blijven haalbare doelen.

Levenslessen volgen elkaar op in een razend tempo, en zelfs van grotere tegenslagen valt in de loop van je leven veel te leren. Met compassie naar je pijn gaan is het antwoord, het voorkomt zinloos lijden.

Wat ook de omstandigheden in je leven zijn, je houdt je eigen keuzevrijheid. Waar richt je je aandacht op? De een ziet beperkingen, de ander groeimogelijkheden, de een is ontevreden, de ander dankbaar. Waar je, bewust en weloverwogen, je aandacht op richt, bepaalt je welzijn. *Het is goed te kijken naar wat beter kan, maar het is nog beter te kijken naar wat er goed gaat.*

Diep van binnen zitten vele angsten en onzekerheden. Steeds zullen ze je proberen onderuit te halen. Je kunt ze te slim af zijn, door jezelf gerust te stellen met bemoedigende teksten. Overdrijf naar de positieve kant en combineer ze met momenten van ontspanning.

Blijf herhalen dat alles wel goed komt, dat je het leven en al je persoonlijke uitdagingen, prima aankunt. Het lijkt een cliché, maar zonder positieve zelfbekrachtiging wordt het leven onnodig zwaarder.

Mensen willen graag weten waar ze aan toe zijn, ze zoeken *zekerheid*. Vaak niet op de beste manieren. Door goede, gezonde dingen te doen kun je de kans op een veilige, voorspelbare toekomst iets vergroten, maar uiteindelijk zul je moeten accepteren dat niemand kan weten wat er straks gebeurt.

Alles van te voren weten gaat snel vervelen. Gelukkig biedt het dagelijkse bestaan voldoende *variatie* en kun je van de nood (onzekerheid) op een constructieve manier ook een deugd maken (uitdaging zoeken).

Vraag je af wat je wilt betekenen. Wie of wat schuilt er in je? Welk unieke verhaal heb je te vertellen? Het kan negatief of positief, klein of groot. Voor meer tevredenheid en voldoening heb je een gerichte focus nodig op jouw unieke bijdrage aan de wereld om je heen. Hoe kun je vooruitkomen, jezelf ontwikkelen?

Overleven, plezier maken, ambities, liefde, spiritualiteit, het hoort er allemaal bij en maakt het leven boeiend. Wie brengt het beste in je naar boven? Groeien en geven versterken elkaar.

43 Trouw blijven

Onder alle omstandigheden trouw aan jezelf blijven. Je innerlijke gids of goedheid geeft steeds aan, op allerlei manieren, of je nog op het juiste spoor zit. Zodra je jezelf ontkent, kom je op een dwaalspoor dat, per definitie, nooit naar voldoening kan leiden.

Al lacht de hele wereld je uit, blijf in jezelf geloven! Mensen verzetten zich tegen alles wat afwijkt van het gemiddelde. Door wat anderen zeggen kun je hevig gaan twijfelen aan je eigen intuïtie. Natuurlijk blijft het verstandig de mening van anderen mee te wegen, maar *alleen jij kunt oprecht voelen wat goed voor je is.* Probeer te blijven vertrouwen, zelfs in de meest donkere nachten.
Wil je voluit leven? Alle dingen doen die je tevredener maken? Probeer dan

je vermijdingsgedrag, stapje voor stapje, los te laten. Bepaalde situaties, mensen, plaatsen of activiteiten kunnen je intimideren. Net zoals je soms zou willen vluchten voor je eigen gedachten, beelden en herinneringen. Wat zou er gebeuren als je wel de confrontatie aan zou gaan met wat je onzeker maakt? *Vertrouw op je kracht en geloof in je toekomst, dan komen de kansen jouw kant op.*

Wat zijn je waarden in dit leven? Betrouwbaarheid, betrokkenheid, eerlijkheid, vriendschap, zorgzaamheid et cetera? Waar sta je voor, wat wil je betekenen? De dingen die echt belangrijk voor je zijn kunnen je helpen om net dat extra stapje te zetten, ondanks twijfels of tijdelijke tegenzin. Als je weet dat je gedrag hogere doelen dient, wordt het makkelijker meer van je kwaliteiten te benutten.

Je persoonlijke waarden zijn bepalend voor je: relaties, familie- en gezinsleven, werk, studie, vrienden, sociale leven, ontspanning, spiritualiteit en gezondheid. Als het bijvoorbeeld je wens is de wereld, met alles wat je doet, een klein beetje mooier te maken dan zul je meer en vaker bereid zijn over je eigen angsten heen te stappen.

Irrationele gedachten zijn alleen maar vluchtige, voorbijgaande ideeën, je hoeft er niet op in te gaan of er in mee te gaan. Kort gezegd: liever door de pijn heen (een vlucht vooruit) dan weg vluchten en cynisch afhaken. Wat houdt je tegen om van een rotsvast vertrouwen de basis te maken voor je dagelijkse inspanningen? Blijf trouw aan je eigen idealen.

44 Grootsheid

Er komt veel op ons af. Daarnaast is ons brein doorlopend bezig allerlei rampen te verzinnen en op te blazen tot ongekende proporties. Geen wonder dat we bang worden. Bovendien is er vaak maar één negatieve gebeurtenis nodig om een veelvoud aan positieve gebeurtenissen te 'vergeten'. We blijven vervolgens bezig met wat er tegenzit. Alsof we niets kunnen doen en machteloos zijn.

Gelukkig is je innerlijke grootsheid altijd aanwezig, maar je moet er wel aandacht voor houden. Je kunt uitgroeien tot wie je werkelijk bent. Overwinningen behalen en meebuigen met tegenslagen, zonder te breken. Met je eigen kracht kun je tegenslagen aan, ook al denk je maar al te vaak dat je zwak bent. *Kwetsbaarheid is menselijk, het heeft niets met zwakte te maken.*

Een klein, angstig *ikje* kan blijven zeuren: 'je hebt het niet goed gedaan, de verkeerde keuzes gemaakt.' Totdat je plotseling duidelijk kunt zien en voelen dat het wél goed is wat je doet en dat je wél de juiste keuzes hebt gemaakt. Vooral als je extra gaat letten op wat er mooi en goed is om je heen, kun je niets anders concluderen dan dat je leven precies is zoals het nu moet zijn. *Alles wat je met de juiste intenties doet draagt bij aan je welzijn, ook al is dat vaak niet direct zichtbaar.*

Zelfonderschatting is de meest wijdverbreide kwaal, je mag best vele malen meer van je innerlijke grootsheid verwachten. Vanbinnen zitten je grootste geschenken. je vindt ze bij je kwetsbaarheid, passies, echtheid, liefde en creativiteit. Wat je raakt en wat je belangrijk vindt, zet je op het spoor van wie je zou kunnen zijn.

In contact met je grootsheid ben je sterk en kan niets je innerlijke rust of aanpassingsvermogen meer verstoren. Vanuit je kracht praat je het liefst over gezondheid, tevredenheid en groeikansen. Ook laat je makkelijker oude fouten en tekortkomingen los om je te kunnen richten op de onbegrensde mogelijkheden van de toekomst.

Verbeter het contact met je innerlijke grootsheid door dagelijks ruimte te maken voor rust, reflectie, inspiratie en waardering. Geef iedere dag een *gelukscijfer* zodat je kunt bijhouden wat je een goed gevoel geeft. Bovendien stimuleert het je om dingen te doen die je welzijn bevorderen en om eventueel, waar nodig, bij te sturen. Zie ook de 'Dagelijks sterk' citaten op onze website: www.sterk-swaen.nl

45 Integriteit

Wat mensen elkaar aandoen, zonder na te denken over de gevolgen. Zonder enig normbesef op zoek naar geld of macht. Waarom die onstilbare honger naar steeds meer? Blind leven van de ene kick naar de andere? Verdoofd en chaotisch op zoek naar het ultieme geluksgevoel.

Uiteindelijk draait het allemaal om een jacht naar prettige gevoelens. Via de verkeerd gekozen omweg. Onrecht kan nooit naar meer welzijn leiden. Ongeacht de omvang van je tastbare kapitaal.

Geluk, kalmte, tevredenheid en andere aangename gevoelens zijn nergens te stelen of koop. Ze zijn wel te vinden via meditatie, voor wie er voor open staat. *Je kunt er niet omheen, het is volop aanwezig: liefde met/zonder geliefde, rijkdom, met/zonder geld, en voldoening met/zonder extra inspanning.*

74

Door bewuster te leven zal op wonderbaarlijke wijze blijken dat goede gevoelens meer en meer terugkomen en een stabiele basis in je leven gaan vormen. Ook al zijn er soms nog flinke stormen of onverwachte teleurstellingen, je keert sneller en makkelijker terug naar een gezondere basis.

Naast goede gevoelens zul je gaan opmerken dat ook het aantal positieve ervaringen geleidelijk aan toenemen zoals meer vriendelijkheid, een betere intuïtie en meer succes. Aanvullingen van buitenaf op wat vanbinnen steeds meer in balans komt.

Als de juiste, heldere overtuigingen vanbinnen groeien gaan mensen eerder in je geloven en meer in je zien. *Je hoeft niet langer meer als een kameleon met elke omgeving mee te kleuren maar mag jezelf blijven.* Je volledige potentieel kan tot bloei komen als het voortkomt uit integriteit, eerlijkheid en innerlijke rust.

Goede antwoorden en dingen komen vanbinnen uit. Verborgen onder lagen stress en onrust en oude negatieve conditioneringen. Sommige mensen zijn simpelweg, door al hun onrust, niet instaat te zien wie ze werkelijk zijn. Vaak is dat vele malen meer en beter dan ze zelf denken.

De weg naar innerlijke rust lijkt lang en saai, maar de schatten die meditatie kan onthullen zijn van een omvang die door geen enkele uiterlijke ervaring te evenaren is.

46 Acceptatie

Meestal is verandering goed, maar soms is acceptatie beter. We zijn geneigd ons te verzetten tegen wat er op ons afkomt. Deze weerstand kost veel en levert maar weinig winst op.

Minderwaardigheidsgevoelens en angst voor afwijzing kunnen je opjagen naar een kunstmatige ideale droomwerkelijkheid. Wat zou er gebeuren als je, zonder te vluchten, de realiteit eerder onder ogen zou zien?

Wat zou je nog moeten bewijzen, zolang je volledig jezelf mag zijn? Alles in de hand willen houden of beïnvloeden maakt je onrustig. Veel gaat zoals het gaat, zonder dat we daar iets aan kunnen veranderen.

Probeer het leven te slim af te zijn door de gebeurtenissen te nemen zoals ze zijn. Het kan je alleen maar sterker maken. Je verzet staken verzacht iedere vorm van pijn.

Dingen gaan voorbij, hoe jammer ook. Dat geldt ook voor relaties, vriendschappen, sommige familiebanden.. et cetera. Alles heeft een einde en het is goed te onderkennen dat iets niet meer werkt. Maar alle troost is in het hier en nu. Wat zou je buiten het heden moeten zoeken als dat de enige plek is waar je echt geluk kunt vinden?

In allerlei relaties gevangen blijven die niet gezond meer zijn, is letterlijk ziekmakend. Je lichaam reageert op disfunctionele relaties hetzelfde als op andere ongezonde gewoontes. Niet luisteren naar alarmsignalen of ze ontkennen is ronduit schadelijk. *Zelfbescherming blijft ook wat relaties betreft noodzakelijk.*

Kun je naar de werkelijkheid kijken zonder allerlei waardeoordelen, gewoon zien wat er is, zoals het is? Acceptatie maakt problemen kleiner en overzichtelijker. *Door emoties puur te nemen zoals ze zijn, voorkom je dat er allerlei storende informatie aan wordt toegevoegd.* Ze verdwijnen als je er naar durft te kijken en worden onoverzichtelijk groot als je ze probeert weg te drukken, met of zonder kunstmatige hulpmiddelen.

Acceptatie maakt ruimte voor onverwachte heldere inzichten. Misschien ben je beter op weg dan je dacht? Het leven kent vele fases, waar ben je nu en hoe trots kun je daar op zijn? Voor wat voorbij is, komt er weer iets anders. Voorbij bepaalde pieken zijn, kan ook veel rust en voldoening geven. Gewoon is soms aantrekkelijker dan al die vermoeiende toppen. Uiteindelijk blijven we allemaal kwetsbare, liefdevolle mensen.

47 Spirituele snelweg

"Na een korte training mindfulness leef ik nu weer mijn leven, van moment tot moment. Het lijkt plotseling zo absurd dat ik het idee had constant vooruit te moeten denken en te leven, soms voor jaren. Als je te ver in de toekomst blijft kijken, verlies je alle grip op je gevoelens en krijgen angst en somberheid de overhand."

Een uitspraak van iemand op ontdekkingsreis naar alle voordelen van mindfulness en meditatie. Mediteren leidt geleidelijk aan tot een helder begrip van wat goed voor je is. Wat er op je afkomt kun je met meer inzicht en harmonieuzer benaderen. En dat levert je op alle fronten winst op. Diep verstopt in jezelf én in het heden bevindt zich alle goedheid en wijsheid die je nodig hebt om dit, soms moeilijke leven, beter aan te kunnen.

Uit vele onderzoeken blijkt dat meditatie positieve emoties stimuleert, versterkt en activeert. Het tilt je boven jezelf uit en vergroot je betrokkenheid en welbevinden.

Je bewuster worden van jezelf kan tot verrassende uitkomsten leiden. Als je bijvoorbeeld dagelijks nagaat en/of scoort bij welke bezigheden je je goed voelt dan zul je waarschijnlijk verbaasd staan van het resultaat. Dingen waarvan je denkt dat ze je goed doen kunnen in de praktijk heel anders uitpakken en andersom geldt voor alles waar je tegenop ziet hetzelfde. *Wellicht dat bepaalde activiteiten je een beter gevoel geven dan je van te voren zou denken.*

Onze waarnemingen worden vaak vervormd door allerlei vastgeroeste opvattingen en overtuigingen. Wie in staat is verder te kijken dan de beperkingen van zijn eigen oude ideeën vergroot de kans op voldoening gevende ervaringen. Welzijn blijft ook het product van je manier van denken. Hoe kun je je eigen prachtige, nieuwe overtuigingen maken?

Met meditatie ruim je stap voor stap, je eigen inzicht-belemmerende obstakels op en richt je je aandacht naar binnen. Daar vind je een schat aan goede gevoelens, er in de buitenwereld op blijven jagen is volkomen zinloos. Je bent je eigen geluk.

Zit je gevangen in de toekomst? Loop je jezelf ongeduldig voorbij? Denk en pieker je steeds te vooruit? Het put je meestal meer uit dan je normale dagelijkse activiteiten. Rust en ruimte zijn vanbinnen ruimschoots aanwezig, je hoeft er alleen maar bij stil te blijven staan.

Zodra je doelen belangrijker worden dan het heden en je de druk te hoog opvoert, zie je niet meer waar het echt om gaat. Dan blijf je zoeken zonder te vinden, jezelf forceren en te ambitieus overbelasten, zonder ooit tevreden te kunnen zijn. Via mediteren en je innerlijke spirituele snelweg vind je, zonder enige vorm van overbodige inspanning, precies wat je zoekt.

48 Vergeven

Als je onrecht is aangedaan ben je vaak terecht boos en gekwetst. Hoe groter en dieper de pijn door wat je hebt meegemaakt, hoe langer het zal duren voordat je, wat er gebeurd is, los kunt laten. Het blijft in je hoofd rondspoken en vlamt af en toe weer hevig op.

Anderen iets kwalijk blijven nemen kost veel spanning en negatieve energie. Het is absoluut niet nodig om goed te praten of goed te keuren wat je is aangedaan. Integendeel, pijn mag er volledig zijn en moet erkend worden voordat je in staat bent het enigszins los te laten.

Erover praten of schrijven helpt, deel je ervaringen, onmacht en andere gevoelens. Zoek geleidelijk naar manieren waarop je de pijn zou kunnen verlichten. Als er ruimte komt voor vergeving kan dat je op termijn ook goed doen. *Vergeving is een innerlijk proces, daar hoef je het contact met de ander niet voor te herstellen of het foute gedrag voor goed te praten.*

Mensen zijn kwetsbaar en onvermogend, daarin zijn we allemaal gelijk. Niemand is meer dan een ander, om die reden zou je een ander kunnen vergeven.

Veel mensen zijn de weg kwijt door wat ze vroeger hebben meegemaakt. Ze zijn op een dwaalspoor. Vergeving helpt de dingen minder persoonlijk te nemen. Het enige wat op de lange termijn pijn blijft doen zijn je eigen gevoelens en die zijn met behulp van vergeving te verzachten.

Goede voorbeelden van mensen die konden vergeven laten zien dat zij met liefdevolle ogen leerden kijken. Zij zagen in dat vooral anderen die teveel hebben meegemaakt sneller grote fouten maken. *Slecht gedrag komt nooit voort uit luxe.*

Door zelf iets moois van je leven maken pak je de controle over je leven terug. Wat je is aangedaan kun je achter je laten. De noodzaak om het steeds weer te herhalen valt daardoor weg. Stap voor stap krijg je weer oog voor liefde, goedheid en vriendelijkheid. Zo biedt vergeving je een nieuwe toegang tot je persoonlijke, menselijke kracht.

49 Overzichtelijk

Bij werken en leven horen helaas ook zorgen. Niets gaat vanzelf en er gebeuren allerlei dingen die we van te voren niet kunnen overzien. Bronnen van stress, en meer dan voldoende redenen voor allerlei pieker- en angstgedachten.

Toch is er een veilige haven in jezelf. Zodra je aandacht te ver vooruit gaat, kun je jezelf terugbrengen naar het hier en nu. Rustig ademen en voelen wat er in je lichaam gebeurt. Iedere dag mediteren doet wonderen. Een paar minuten is vaak al voldoende.

Angst is een mengeling van onzekerheid en machteloosheid. Het gevoel geen controle te hebben over wat er op je afkomt. Haal duidelijk naar voren waar je bang voor bent en ga vervolgens zorgvuldig na of je echt zo weinig kunt doen en zo klein bent als je denkt. *Misschien overtref je jezelf en ben je juist wel sterk genoeg.*

Zodra je rustig ademend kijkt naar waar je bang voor bent, zul je merken dat het onheilsgevoel ook weer kleiner wordt. Is het mogelijk je gedachten positief te beïnvloeden, ongeacht wat er op je afkomt? Kun je deze invloed uitbreiden en meer zelfvertrouwen ervaren?

Is onmacht te transformeren naar meer zelfcontrole en uithoudingsvermogen? Kun je dit moment overzien? *De onmetelijke toekomst bestaat uit vele milliseconden, die je één voor één makkelijk aankunt.* Hoe verder je van het heden afdwaalt, hoe ongelukkiger je wordt.

Probeer bij een probleem heel specifiek de volgende vier vragen te beantwoorden:
1. Waar heb ik *wel* invloed op?
2. Waar heb ik *geen* invloed op?
3. Welke informatie heb ik *wel*? en
4. Welke informatie heb ik nog *niet*?

Bij het duidelijk beantwoorden van deze vragen zul je waarschijnlijk ontdekken dat je meer invloed en informatie hebt, dan je vanuit je angst/spanning kon bedenken.

Angst is een belangrijke groei-emotie. Stel dat je angst een hoger doel zou dienen? Wellicht dat alle angst-pijn je voorbereid op een beter leven. Wat kun je leren van je angst?

Misschien is wat je wilt en waar je tegelijkertijd zo bang voor bent, het waard om je angst voor te doorstaan. Als je begrijpt wat je emoties betekenen en je hun boodschap gehoord hebt, wordt het makkelijker ze weer los te laten en wijzer verder te gaan.

50 Onvrede

Je komt maar weinig mensen tegen die tevreden zijn over alle aspecten van zichzelf en hun leven.

Wat zou je zeggen als je voluit zou gaan leven zonder al te lang stil te staan bij alle onvolmaaktheden? Gewoon al je kansen en mogelijkheden volledig benutten. Positieve energie halen uit wat je dagelijks allemaal mag doen. Je minder druk maken over prestaties of over wat mensen van je vinden.

Succes is minder belangrijk, het gaat in dit leven vooral om je idealen en waarden. Die zijn er, als je daar voor kiest, altijd. *Succes is slechts versiering, het komt en gaat.* Maar het zegt niets over je waarde als mens. Je hebt er niet veel invloed op.

Het leven biedt steeds weer, de juiste plaats, het juiste moment, de beste leerervaringen en de best passende persoonlijke eigenschappen om jezelf te ontwikkelen. Er bestaat niets beters dan wat er nu is. Als je dingen gaat *doen* met gezonde, goede intenties dan groeit je geluk en zul je je beter voelen over jezelf.

Wat zou er gebeuren als je het uiten van je ongenoegens drastisch zou beperken? Vind je het zelf prettig te moeten luisteren naar mensen die zichzelf en hun eigen leven constant afkraken? Ons brein investeert de meeste energie in vertrouwde paden, dus hoe meer je focust op onvrede, hoe meer je brein dwangmatig gericht blijft op alles wat er mis is. Geen prettig vooruitzicht.

We kunnen bijna allemaal uren vullen met commentaar op wat er niet goed is aan onze omgeving, maar behalve een tijdelijke opluchting brengt het niemand verder. Het bewust registreren en benoemen van het positieve heeft echter wel een groot effect. Door te letten op wat er wel goed is komt er extra energie vrij, een stimulans die je weerbaarder maakt tegen aanvallen op je uithoudingsvermogen.

In plaats van onvrede kun je ook je hoofd de schatkamer maken van al je persoonlijke groeimomenten, klein en groot. *Ieder complimentje, iedere overwinning verdient een ereplekje.* Bij problemen en uitdagingen kun je vervolgens eerst moed verzamelen en inspiratie opdoen bij alle mooie ervaringen in de schatkamer. Tevredenheid brengt meer geluk.

51 Natuurlijke (veer)kracht

De natuur heeft veel te bieden. Je kunt er volop energie en inspiratie vinden. Denk alleen maar eens aan de enorme verscheidenheid aan bomen om je heen. Allerlei vormen en kleuren, ieder seizoen weer anders. In allerlei leeftijden, tientallen tot honderden jaren oud. Hoeveel generaties hebben er al onder dezelfde boom gezeten, gelopen en geleefd?

Diep geworteld in de aarde en met hun vaak imposante omvang beschermen bomen ons tegen teveel warmte en zuiveren ze onze leefomgeving. Ze voorzien ons van ruim voldoende koelte en zuurstof. Bomen verminderen spanning en stress en zijn goed voor onze gezondheid. We kunnen niet zonder de magische, krachtige energie van bomen.

Teruggaan naar je natuurlijk kracht helpt je meer in jezelf te geloven en je prestatie-grenzen te verleggen. Het is een uitnodiging om al wandelend door het bos, een park of tuin spirituele waarden als dankbaarheid, plezier en kalmte te herontdekken in alles wat je om je heen ziet. Ingebeelde beperkingen kun je makkelijker uitdagen en overwinnen nadat je in een diepgroene omgeving/landschap in balans bent gekomen.

Het leven deelt soms harde klappen uit. Er rest dan niets anders dan flink te huilen en je verdriet onder ogen te zien. Mensen kunnen je teleurstellen en dat kan je een eenzaam en totaal verlaten gevoel geven, alsof niemand je begrijpt. Een universele menselijke emotie. *Maar teleurstellingen worden altijd weer gevolgd door hoopvolle overwinningsmomenten.*

Wie de natuur leert te waarderen is nooit alleen. Bomen, planten, vogels en een ontelbaar aantal andere levende wezens. Gevangen in je ego of zelf zie je alleen beperkingen. Met een open, stralende blik naar buiten, bestaat er geen eenzaamheid en voel je je verbonden met al het leven om je heen.

52 Verlangen

Veel bezitten, maar nog zoveel meer willen. Iedere dag is gevuld met een eindeloze rij verlangens. Stel dat het ergens anders toch beter is? Wat zou dit of dat aan mijn leven toe kunnen voegen? Je aangetrokken voelen tot iets is geen probleem, maar gevangen blijven in je verlangen is onaangenaam.

Niemand is volmaakt gelukkig en dat betekent dat er altijd wat te wensen overblijft. Je kunt blind achter je verlangens aanrennen, maar dat zal weinig voldoening brengen. Wellicht is het wijzer en handiger om wat langer stil te staan bij het hunkerende gevoel van verlangen.

Voorkom dat je vast blijft zitten in je verlangen. Neem bewust waar wat er gebeurt, benoem het en laat het weer los. Bewust opmerken van wat er in je brein voorbijkomt helpt je er afstand van te nemen. *Zodra je merkt dat je brein obsessief met een verlangen bezig blijft, kun je de leiding nemen door je aandacht terug te trekken van het verlangen en het ergens anders in te investeren.*

Wat zou je denken van je vaste dagelijkse rituelen? Hoe meer je er hebt of creëert hoe beter je in staat zult zijn energie te reserveren voor waar het echt om gaat. Vertrouwde, vaste en vooral veilige patronen in je leven vergroten je onderscheidingsvermogen, en wilskracht. Simpelweg omdat je, met vaste rituelen, geen denkkracht meer hoeft te verspillen. Je weet wat je te doen staat.

Doelgerichtheid en wilskracht zijn het product van ritme, rust en regelmaat. En wie weet waar hij/zij naar toegaat heeft minder moeite met keuzes maken en is beter in staat allerlei afleidende verlangens te herkennen en te beteugelen.

Gedachten kunnen gaan vastzitten op een verlangen. Soms zo hardnekkig dat je het lichamelijk voelt. Je *moet* hebben waar je naar verlangt. Het maakt je blind voor eventuele nadelen en het belemmert je verder vooruit te denken. Jezelf beheersen is soms moeilijk, maar je aandacht is altijd te sturen. Wanneer je je vast blijft klampen aan een verlangen, kun je je aandacht verleggen naar iets neutraals, bijvoorbeeld door in jezelf het woord 'rustig' te herhalen.

Als je brein vast blijf zitten in 'ik wil...' dan kun je ook je aandacht bewust verplaatsen naar de gedachte 'ik geef...'

Van een smal egocentrisch deel groei je zo door naar een breder begripvol, zorgzamer en vriendelijker deel van jezelf. Met als gevolg dat je je sneller tevreden en beter zult voelen.

53 Helemaal op

Voel je je constant opgejaagd, zonder dat je kunt stoppen? Ben je daarnaast zo moe dat je niet meer kunt slapen; en als je al slaapt lijkt het nooit genoeg te zijn? Ben je doorlopend boos, opvliegerig, geïrriteerd? Laat je geheugen je in de steek? Blijf je hard rennen zonder het gevoel nog verder te komen? Voel je je langzaam maar zeker uitgeput wegzinken in een diep, donker dal?

Als je de bovenstaande vragen met een ja moet beantwoorden, dan ben je waarschijnlijk totaal opgebrand. Neem direct noodmaatregelen, met als belangrijkste eerste stap, al je activiteiten loslaten en zo goed mogelijk uitrusten. Zo vaak en zoveel als nodig is. Rusten, slapen, dutjes doen, ontspannen, mediteren et cetera. *Slaap herstelt geleidelijk aan de schade en geeft je nieuwe broodnodige (denk)kracht en energie.*

Wat doe je met een doodziek, uitgehongerd en uitgeput vogeltje? Je voedt het, vertroetelt het en laat het, in alle rust aansterken. Bij een burn-out is je brein zo'n zielig uitgeput vogeltje dat dringend zorg nodig heeft. Dus niet uit schuldgevoel direct nieuwe toezeggingen doen of je direct naar allerlei uitputtende 're-integratie programma's' laten verwijzen, maar eerst bijkomen.

Geen strenge diëten, maar juist gezond en rijk eten. Extra vitamines en voedingssupplementen. Natuurlijke kalmeringsmiddelen en, in overleg met je huisarts, eventueel sint janskruid en visolie. Niet gaan hardlopen, maar rustig langzaam wandelen. Beweeg uitsluitend voor je plezier, je hoeft niets meer te bewijzen.

In de natuur, zelfs het kleinste stukje groen om de hoek, kun je rust vinden. *Observeer dieren en kinderen en zie hoe ze het klaar spelen om steeds in het heden te blijven.* Zie de tijdloze kracht van bomen en planten. Voel de energie om je heen.

Activiteiten en mensen kun je onderverdelen, wie of wat geeft je een ontspannende afleiding of kracht en wie of wat bezorgt je een onaangenaam moe gevoel. Leer ernaar te luisteren.

Het gevaar bij mensen die uitgeput zijn is dat ze zich bij de eerste kleine tekenen van herstel weer voluit op allerlei taken storten. Meestal uit schuldgevoel. Met als gevolg dat ze nog minder energie overhouden.

Moeheid is een gezond signaal dat je al te lang en teveel goede dingen hebt gedaan. Je mag rusten en moet taken schrappen waar het maar kan.

54 Slaapkracht

Maak van je bed weer een plek waar je niet piekert maar waar je ontspant, uitrust en slaapt. Zoals sommige plekken of de natuur spiritualiteit kunnen bevorderen, zo kun je ook je slaapkamer tot een ruimte maken waar je volledig tot rust mag komen. Een meditatieruimte nodigt uit om tot rust of bezinning te komen.

Diepe vormen van mentale en fysieke ontspanning kunnen soms nog beter zijn voor je lichaam dan de 'gewone' slaap. Dus in plaats van 's nachts de uren te tellen die je niet slaapt kun je ook gewoon uitrusten, eventueel aangevuld met een ontspanningsoefening. Je kunt ook overdag twintig minuten gaan liggen en je diep ontspannen of een powerdutje doen om de schade in te halen.

Sommige mensen vertellen trots hoeveel tijd ze dagelijks aan een meditatie besteden. Hoe langer ze mediteren hoe trotser ze zijn en hoe dieper ze kracht uit zichzelf lijken te halen. Als je moeite hebt met inslapen en je wilt toch je tijd zo waardevol mogelijk benutten, kun ook liggend in de meest ontspannen positie met je ogen dicht mediteren.

Mediteren betekent met je ogen dicht, rustig ademhalen en steeds weer een paar woorden in gedachten herhalen. Je mag de woorden uitkiezen die je het meest aanspreken. Het kunnen neutrale woorden of klanken zijn zonder enige betekenis maar het mogen ook woorden of korte zinnen zijn die je mooi, troostend of hoopgevend vindt. Bijvoorbeeld (lees van boven naar beneden):

-rust
-ruimte
-vrede
-vrijheid

-geloof
-hoop
-liefde
-kracht

-geloof
-hoop
-liefde
-rust

-liefde
-compassie (vergeving)
-kracht
-geluk

-acceptatie
-vertrouwen
-liefde
-kracht

Kies vier woorden die voor jou een bijzondere betekenis hebben en blijf ze tijdens een meditatieoefening telkens in hetzelfde patroon herhalen.

Ook al zul je in het begin wellicht nog door piekeren, *al je piekergedachten komen uiteindelijk uit bij de vier prettige meditatie woorden. Terwijl de tijd langzaam verstrijkt zul je merken dat de woorden je geest kalmeren en je steeds rustiger maken.*

Niet iedereen kan 's nachts direct in slaap vallen maar deze eenvoudige meditatieoefening kan iedereen uitproberen. Als je tussendoor even op de klok kijkt kun je op zijn hoogst constateren hoelang je bezig bent met deze waardevolle meditatie.

Het maakt dan niet meer uit hoe lang je 'wakker' ligt. En als je als bijkomend voordeel alsnog in slaap valt dan is dat natuurlijk alleen maar meegenomen. Probeer het eens uit. Je zult zien dat je er steeds een beetje beter in wordt. Een echt 'meditatie expert'.

Probeer ook eens een ontspannings-mp3 te maken met hele zachte rustgevende muziek Zie voor gratis 'Denk je sterk' mp3's onze website: www.sterk-swaen.nl .

55 Groeien

Ouder worden is voor veel mensen een schrikbeeld. Maar waarom zou zo iets natuurlijks je angst moeten aanjagen? Waarom niet benieuwd blijven naar alle veranderingen die voor je liggen? Ouder worden is een leerzaam proces, elke levensfase heeft haar eigen fascinerende kanten. Kijk maar om je heen, mensen zijn ook in staat te *genieten* van de voordelen van een nieuwe groei- en ontwikkelingsfase in hun leven.

Als je jong bent, begin je hardwerkend je carrière. Jarenlang, werken, leren en groeien. Daarna komt er een tijd dat je meer de vruchten gaat plukken van al je inspanningen. Ouder worden betekent ook herbezinning, wat wil je nog ontwikkelen? Welke vaardigheden wil je (her)ontdekken. Wat ga je doen met je vrije tijd? *Wellicht is het tijd voor nieuwe ontdekkingsreizen. Niet alleen in de buitenwereld, maar zeker ook in je binnenwereld. Wat is er mooier dan levenslang te mogen leren?*

Voor iedere levensfase is het van belang prettige, ontspannen en zinvolle doelen te hebben. Maak ruimte voor nieuwe dromen en mogelijkheden. Dat kan ook betekenen dat je oude ongezonde gewoontes alsnog los leert te laten. Welke emoties geven plezier en houden je mentaal jonger, sterker en scherper?

Ouder worden gaat niet zonder zichtbare uiterlijke kenmerken en het verminderen van energie. Maar daar komen levenservaring en wijsheid voor terug. Zolang je zelf geen probleem maakt, van het verstrijken van de jaren, mag en kan je leven ook makkelijker en comfortabeler worden. *Je kunt de relatie met je lichaam optimaal houden door er met liefde naar te (blijven) kijken en er goed voor te zorgen.*

Het lichaam heeft een natuurlijk aanpassingsvermogen en doet er zelf alles aan te herstellen wat er mis gaat. Luister en kijk naar signalen van het lichaam en onderneem, indien nodig actie. *Je brein houdt levenslang behoefte aan uitdagingen. Er is nog zoveel te zien, te ontdekken en te ontwikkelen. Blijf nieuwsgierig, levenslang.*

Zorgen over wat er nog komt verdwijnen vanzelf zodra je beseft dat er steeds niet meer kan komen dan 'het heden', dat je altijd aan zult kunnen.

56 Optimisme

Positief denken lijkt soms een onmogelijke, irreële opgave. Toch loont het zeker de moeite. Veel dingen zijn zowel negatief als positief. Het is mogelijk om realistisch én positief te denken. Als je begint te piekeren over een probleemsituatie, dan kun je direct daarna voor jezelf opsommen wat de positieve kanten van dezelfde situatie zijn. Ze zijn er altijd, als je net iets verder kijkt. Wat is het probleem én waar ben je dankbaar voor?

Veel problemen ontstaan uit alle verworvenheden, zegeningen en oplossingen van gisteren. Je moet bijvoorbeeld eerst een huis hebben om je later druk te kunnen maken over een lekkende kraan. Vragen of je wel of niet wordt aangenomen voor je droombaan kan alleen als je daarvoor je diploma hebt gehaald, anders was je überhaupt nooit in deze voordeel positie terecht gekomen. Aan elke probleem of irritatie zijn er zo al meerdere, bestaande, positieve kanten te ontdekken.

Optimisme geeft energie voor het bedenken van oplossingen. Voorkom dat je vast komt te zitten in een negatief denken, door letterlijk even iets totaal anders te gaan doen. Dansen, bewegen, zingen, ontspannen, yoga iets creatief, het maakt niets uit. Alles wat kan helpen om vaste denkpatronen te doorbreken.

Als je bijvoorbeeld gaat piekeren, je druk gaat maken over anderen of de toekomst, probeer jezelf dan terug te halen naar het heden door het herhalen van de volgende meditatie woorden: *compassie, mindfulness en loving-kindness* (liefdevolle vriendelijkheid). Deze woorden vertegenwoordigen een levenshouding van bezinning, bewuste aandacht en respect. Door ze voor minimaal 90 seconden te herhalen zul je merken dat je anders, meer open en optimistisch naar je probleem gaat kijken. Het geeft simpelweg rust.

Aan welke kant wil je staan in dit leven? Volg je de geluks- of de piekerroute? Wat kun je nu doen om je toekomstige zelf zo goed mogelijk op weg te helpen naar een mooi leven? *Kleur ieder moment en alle ervaringen met optimisme, zodat ze deel kunnen gaan uitmaken van een schat aan waardevolle herinneringen.*

57 Licht

Soms moet je in het leven loodzware keuzes maken. Mensen uit de weg gaan die niet goed voor je zijn. Een noodzakelijk keuze die dubbel pijn doet. Weten dat het onvermijdelijk is en daarnaast de last van schuldgevoel en verwijt dragen. Op de achtergrond dreigt steeds de valkuil van minderwaardigheid.

Toch volgen er, na de pijn, kleine straaltjes licht. Ze laten zien dat je op de goede weg bent. Je blik wordt zuiverder en puur, als uit een lang vervlogen tijd.

Zorgvuldig met anderen omgaan kost inspanning, volg je gevoel én verstand. Maak duidelijk wat er in je omgaat. Je kunt alleen jezelf veranderen, nooit een ander. Onderzoek je angsten en pijn, zodat je niet opnieuw op dwaalsporen terecht hoeft te komen. Wat kun je, iedere dag, doen om relaties beter en vriendelijker te maken?

Als het leven te onveilig lijkt te worden kun je altijd je toevlucht zoeken bij meditatie. Dat helpt je brein bij het in balans houden van je gedachtestroom. Meditatie heeft als de twee belangrijkste voordelen dat het je in het hier en nu houdt én dat je brein zich automatisch meer op positieve gezonde informatie gaat richten.

Je brein verandert door meditatie van onheilsprofeet (focus op ongeluk) naar schatbewaarder (aandacht voor geluk). Afstand van je gedachten schept rust.

Angst en moed gaan hand in hand. Vooruitgaan met angst in je lichaam mag in kleine stappen. De lichtpuntjes wijzen je de weg. Als je kijkt naar de obstakels worden ze groter en als je trouw je persoonlijke pad blijft volgen kom je vanzelf verder. Blijf voor ogen houden waar je naartoe wilt en daardoor omzeil je, met meer gemak, de grootste problemen.

Soms lijkt het of er twee werelden naast elkaar bestaan. Onze gefantaseerde werkelijkheid en de keiharde realiteit. Onze fantasie, soms angstig donker en soms surrealistisch licht. Maar, de dagelijkse realiteit kent ook vele lichte momenten. Helder en zuiver.

Wie durft te zien wat er echt, hier en nu, aanwezig is, zal ervaren dat ieder stap vooruit waardevolle informatie bevat. Wellicht totaal anders dan je je had voorgesteld. *Zolang je durft te beleven wat er is, ben je altijd op weg naar iets beters. Alleen of samen met anderen.*

58 Verwerken

Genezen van psychische klappen kost veel tijd. Wat iemand je heeft aangedaan is niet jouw fout. Ook al voelt het zo, je kunt de schuld van anderen niet dragen. Zij zijn zelf verantwoordelijk. Je kunt leren jezelf en anderen te vergeven voor wat er mis is gegaan en daarmee weer vertrouwen opbouwen voor de toekomst. Vergeven kan ook betekenen op een veilige afstand blijven van iemand, zolang dat nodig is.

Wat je ook aangedaan is, het bepaalt niet wie je bent. Laat het nooit zo ver komen dat de misstappen van anderen jouw zelfbeeld aantasten. In plaats van zelfbeschuldiging heb je extra zorg en aandacht nodig. Erken en voel de pijn, het is begrijpelijk dat je daar zomaar onverwachts, net als het je niet uitkomt, last van hebt. Na een flinke huilbui over wat er toen gebeurd is, kan de oude wond verder genezen. In kleine stappen, steeds een beetje meer, ruim je de oude pijn op.

Probeer te letten op je taal. Wat zeg en denk je over jezelf? Waar heb je negatieve overtuigingen aangeleerd en waarom zou je daar in blijven geloven? Positieve overtuigingen stimuleren een reeks van goede en gezonde gebeurtenissen. Je eigen woorden zijn van doorslaggevend belang.

Spreek jezelf bemoedigend toe. Je probeert er het beste van te maken en niemand beweert dat het leven makkelijk is. Integendeel, elke stap vooruit kost inspanning en verdient respect. Zodra mensen leren breder te kijken, meer informatie te wegen, komen ze tot betere beslissingen en een genuanceerde mening.

Lijden kan geleidelijk aan verzachten en ruimte maken voor inzicht of begrip. Liefde, moed en nieuwe mogelijkheden komen vrij zodra je je hart openstelt voor alle ervaringen.

Na het verwerken van pijn komt er ooit een mooie dag dat je kunt zien dat alles zin en waarde heeft gehad. Je bent in staat je waardevolle lessen door te geven aan anderen, de volgende generatie. Zodat zij van jou kunnen leren wat het betekent om volledig te leven.

59 Pieker-twijfels

Het enige waar je echt op kunt bouwen en wat voldoening kan brengen zijn je eigen persoonlijke doelen. Mensen en ervaringen buiten jezelf zijn zeer waardevol, maar je hebt er weinig controle over.

Na goede plannen en voornemens volgens al snel de eerste belemmerende pieker-twijfels. Zodra je ze herkent verliezen ze hun kracht. Zeg rustig: 'niets aan de hand, angst hoort erbij'. Observeer wat er omgaat in je hoofd, zonder je te laten intimideren door je gedachten en gevoelens. Ze gaan weer voorbij.

Angst ontmaskeren kan angst omzetten in prettige opwinding. *Ergens naar uitzien, ligt heel dicht bij ergens tegen opzien.* Wat mooi en hoog is, boezemt tegelijkertijd ontzag in plus de angst dat het misschien niet doorgaat of zal lukken. Heel begrijpelijk. *Stel dat je zou denken: 'Ik ben wel goed en competent'.*

Angst kan je gevangen houden in oude kinder- en puberverhalen, het beperkt je visie. Bij meer ontspanning verruim je je bewustzijn en worden je mogelijkheden zichtbaar. Ontspan en denk na over de volgende vragen: wat zou je echt willen? Wat vind je belangrijk? Stel dat je drie wonderwensen mocht doen, wat zou je wensen?

Zoek dagelijks steun bij positief nieuws, inspirerende boeken en wat je ook maar zou kunnen helpen een meer optimistische blik te krijgen. In de diepste dalen van het leven, kan er zomaar onverwachts ook een sprankje hoop gloren; een opmerking van iemand, een compliment of een ontroerend mooi gezongen lied. Er is zoveel om diep dankbaar voor te zijn.

Wat er aan goeds en moois is gemaakt, herinnert je eraan wie je bent en waar je vandaan komt. Je hebt al een lange reis afgelegd en veel bereikt. Ook al lijkt het soms niet veel voor te stellen. Kijk nog maar eens goed. Bedenk wie je bent en waar je bij hoort.

Voor elke nieuwe stap in de toekomst heb je moed nodig. Je verleden laat zien dat je steeds weer de moed vond om door te gaan.

60 Geruststellen

Hoe lang is het geleden dat iemand je geruststelde met de woorden: 'rustig maar, het komt goed'? Mogen je emoties er volledig zijn, ook de moeilijkste? Dingen gaan mis in het leven, niet alles zit altijd mee en zolang je daar mee kunt leven is er weinig aan de hand. Herinner jezelf eraan dat er niets verkeerd is aan tegenslagen, fouten en mislukkingen.

Een groot verlies doet onnoemlijk veel en diep pijn. Alsof je alles kwijt bent. Geen mensen meer kunt vertrouwen. Waar vind je weer zin en inhoud? In ieder geval door bezig te blijven en nieuwe uitdagingen te zoeken. Je kunt niet alle pijn in een keer wegnemen. Wel met de golven van de pijn meebewegen. Zodat je zicht krijgt op een bredere veelbelovende horizon.

Liefdevolle mildheid voor alle imperfectie in en om je heen vormt een vruchtbare bodem voor het opbloeien van prachtige nieuwe kansen. Kijk rustig terug naar waar je vandaan komt, sta bewust stil bij eerdere groei-momenten en het wordt duidelijk dat alles wel degelijk zin heeft gehad. Je leven is waardevol en uniek. Ieder sprankje hoop telt en kan je, ongeacht de interne of externe omstandigheden, blijven inspireren. Telkens weer, in iedere levensfase.

Er zijn tussen mensen onderling grote verschillen in de hoeveelheid feelgood-stoffen die zij van nature aanmaken. Als je geluk hebt kun je makkelijker en koeler reageren omdat je lichaam je daartoe de mogelijkheid biedt. Vol verbazing kijk je dan naar al die druktemakers in je omgeving, hun brein schiet sneller in de paniek-stand. Met iets meer begrip kun je ze kalmeren en geruststellen.

Ongeacht de omstandigheden is je leven gunstig te beïnvloeden. Blijf geloven dat je verder kunt komen en blijf vooral geloven dat je persoonlijke inspanningen de moeite meer dan waard zijn.

Hoe ziet de beste versie van jezelf eruit? Stel dat alles zou gaan zoals jij het graag zou willen? De meest geruststellende gedachte is dat je er zelf veel aan kunt doen om je mooiste doelen te bereiken. Iedere dag opnieuw.

61 Toppen en dalen

Soms lijkt het leven een achtbaan, met vele hoogte- en dieptepunten. Je geniet het meest als je op je af laat komen wat er gebeurt. Plezier, pijn, kracht, zwakte, lof en kritiek. Het hoort er allemaal bij.

Ons zelfbeeld beweegt mee met de golven van gebeurtenissen. Dat is begrijpelijk. Zolang je niet al te hard onderuit gaat, of tot onredelijke hoogten opstijgt, blijf je redelijk in balans. Geef je over aan de goede golven in en om je heen. Gun anderen en jezelf het beste. Op gebeurtenissen heb je weinig invloed, maar je aandacht en focus kun je doorlopend bijsturen in de gewenste richting.

Waar zijn jouw lichtpunten? Wat doe je wel goed? Vervelende gevoelens verdwijnen vanzelf, als je er verder niet meer in investeert. De lastigste pieken duren in werkelijkheid maar een paar minuten (de piek van angst duurt bijvoorbeeld niet langer dan 90 seconden). Ze komen hooguit in korte golven terug. Huil, voel ze... en ga verder.

Wie wil er niet goed, gezond en gelukkig zijn? Mildheid sluit perfect aan bij deze aangeboren, menselijke wens. Hardheid niet, het dwingt je letterlijk een dwaalspoor te volgen verder verwijderd van wie je bent. Als iets niet gaat zoals je zou willen dan is het beter rustig te onderzoeken wat er, en waar het, beter kan. Tot vandaag heb je geprobeerd iets van je leven te maken, daarbij past het beste aanvaarding en dankbaarheid.

Als je somber bent zoek dan direct iets wat kan opluchten of je leven iets lichter kan maken. Wat helpt; even rusten, praten, huilen, schrijven? Al voel je je maar een klein beetje beter. Zodra je je beter voelt ga je meer aandacht besteden aan nog mooiere, leukere, grappige en voldoening gevende activiteiten. Alles wat je leven meer vreugde, zin en inhoud kan geven.

Stel jezelf gerust met de volgende liefdevolle vriendelijkheid wensen: Ik ben veilig, vredig, rustig, gezond en ik mag volkomen ontspannen leven. Je kunt zo ook anderen liefdevolle vriendelijkheid toewensen: Jij bent veilig, vredig, rustig, gezond en je mag volkomen ontspannen leven.

62 Spookverhalen

Ervaringen gaan gepaard met emoties. Gebeurtenissen kosten emotionele inspanning. Soms meer dan je lief is. Om te voorkomen dat stress zich opstapelt is het noodzakelijk afstand te nemen en rustig bij te komen. *Naar je angsten kijken is de beste manier om te zorgen dat ze je niet overnemen.*

Bewust waarnemen in het hier en nu wat er is, helpt om beter op problemen te reageren. Verzet tegen de werkelijkheid veroorzaakt meer pijn. In plaats van je af te zetten tegen gebeurtenissen kun je teleurstellingen ook aangrijpen om beter voor jezelf te zorgen. Herinner jezelf eraan dat alle mensen pijn kennen en probeer met enige afstand naar je gedachten en emoties te kijken. Zonder oordeel.

Wat zou je in de allervriendelijkste, begripvolle, troostende brief schrijven? Wat kan je door je donkerste dagen heen helpen? Troost en begrip helpen aantoonbaar bij somberheid en angsten. *Pijnlijke gedachten kun je bekijken zonder ze direct voor waar aan te nemen. Ga niet geloven in je eigen spookverhalen.* Rustig, evenwichtig ontspannen of uitrusten, voorkomt dat je vast komt te zitten in negativiteit.

Laat er altijd hoop zijn. Ook al lijkt het nog zo donker. Om verdriet kun je niet heen. Vooral pijn bij iemand waar je van houdt, kan nog zwaarder lijken dan je eigen lijden. Al kun je weinig doen, troosten is altijd een goede optie. Pijnlijke emoties lossen telkens weer op, ze zullen voorbijgaan. Je kunt ervan leren dat je op de goede weg bent. Zonder vluchtgedrag bevat emotionele tegenslag waardevolle lessen.

Als angsten je dreigen te overspoelen kun je jezelf kalmeren zoals je dat bij een kind zou doen. Met een vriendelijke stem beloven dat het weer goed zal komen. De angst zal niet helemaal verdwijnen, maar zachter worden, beter te verdragen en minder overweldigend.

Mensen die vroeger veel hebben meegemaakt zijn geneigd extra wreed tegen zichzelf te zijn. Alsof ze slecht zijn en nog steeds straf verdienen. Het kan zo vertrouwd zijn geworden jezelf naar beneden te halen dat het onwennig voelt milder te worden. Je zult moeten leren afkicken van de neiging slecht voor jezelf te zorgen en de verkeerde keuzes te maken. Je verdient echt meer en beter.

63 Troosten

Een onverwachte confrontatie met wat je verdrietig maakt. Pijn, boosheid en onmacht. We komen het allemaal tegen. Het beste is je gevoel te benoemen en het te laten komen. Des te sneller is het weer verdwenen. Zolang je zelf op het juiste spoor bent kan er verder weinig gebeuren. *Verdriet om wat verdwenen is, maakt ruimte voor iets nieuws. Het kan je dichter bij jezelf brengen. Terug in je eigen leven.*

Sommige situaties zijn heel moeilijk. Je kunt er zo zelf wel een paar bedenken. Zware problemen vragen vriendelijk begrip. Erken het onrecht en de pijn. Onderzoek wat er mis is. Observeer het zorgvuldig. Wat voel je? Wat heb je nodig? Wat zou je willen vragen? Vanuit vriendelijk begrip volgen warmte en de juiste zorg.

Iedereen heeft ook een interne troostende kracht. Dit deel van jezelf biedt acceptatie kalmte en medeleven. Menselijk zijn laat ruimte voor onvolmaaktheid. Problemen bieden je een kans liefde en goedheid in jezelf te vinden.

Mensen hebben gemeenschappelijk dat het leven makkelijk lijkt, maar vaak moeilijk is. Zonder dat je er iets aan kunt doen komt er veel op je af. Er zijn maar heel weinig mensen die weten hoe ze met tegenslag om kunnen gaan. Elkaar helpen, begrijpen en steunen maakt het lijden iets lichter. Je bent niet alleen, ook de mensen om je heen kampen met dezelfde problemen.

Geluk begint bij vertrouwen, tevredenheid en redelijk denken. Je bent te veelzijdig en complex om in enkele etiketten te beschrijven. Voor jezelf, anderen en je omgeving is er geen betere versie beschikbaar. Zolang je liefde kunt geven, veiligheid en een thuishaven blijf je onverslaanbaar.

Vermeende tekortkomingen veroorzaken zoveel pijn dat ze je blind maken voor wat er goed is. Bij pijn past troost, bij een vertroebeld zelfbeeld een heldere, wijze, objectieve visie. Met enige afstand is de wereld plotseling weer mooi en leefbaar.

64 Onzekerheid

Wat is dat toch voor een naar gevoel, die moordende onzekerheid? Het gevoel niet goed te zijn, het niet goed te doen. Het liefste zou je wegrennen, maar waar naartoe? Er is geen ontsnappen mogelijk, je minderwaardigheidscomplex gaat altijd mee. Tot de bui weer overwaait en je ziet dat het allemaal niet zo erg is als je dacht.

Als je in staat bent te begrijpen dat je onzekerheid slechts spoken in je hoofd zijn, zal de knoop vanbinnen sneller loskomen. *Rustiger worden en voelen dat zelfacceptatie een veilige lichtbaken is op een donkere stormachtige zee.*

Hard zijn voor jezelf is geen goede motivator het maakt je eerder hulpeloos. Je gedrag van een afstandje rustig bekijken, met aandacht voor de pluspunten zal je sneller verder helpen. Los van je tekortkomingen en kwetsbaarheid, kent je menselijke veelzijdigheid geen grenzen. Laat je verbazen door wat er mogelijk is en wat je wél kunt..

Teveel zelfkritiek leidt tot meer onzekerheid, somberheid en onvrede. Bij somberheid zal de neiging om jezelf af te keuren alleen maar toenemen. Met een, begripvolle, wijze, accepterende houding beweeg je makkelijker mee met de golfbewegingen van het leven. Je hogere, steunende zelf is dichterbij als je bereid bent er naar te luisteren.

Ambitieuze mensen denken zichzelf te helpen met hardheid en beulen zichzelf bijna dagelijks af. Uit angst anders gemakzuchtig te worden. *Maar doorzettingsvermogen heeft niets met hardheid te maken. Een goede coach combineert inspanning met ontspanning en aanmoediging.* Dat is heel wat anders dan het negeren van stress-signalen en jezelf, na inspanning meedogenloos voor te houden dat het toch nog niet (goed) genoeg was.

In plaats van hardheid is het beter vriendelijker en begripvol te zijn. Bewuster in balans leven betekent dat je objectief probeert te kijken naar wat je meemaakt, zonder je pijn te negeren of te overdrijven. Zorgen voor jezelf in plaats van te piekeren over al je tekortkomingen. Je kunt er nooit voor anderen zijn, zonder eerst je persoonlijke essentiële behoeften te vervullen.

Zou je bij een aanval van onzekerheid jezelf kunnen troosten met de woorden: 'Ik hou van en accepteer mezelf, precies zoals ik ben?' Bij het zorgen voor anderen zet niemand vraagtekens, maar hoe zit het met goed zijn voor jezelf? Het helpt je pieker- en angstgedachten te verjagen en plaats te maken voor meer liefde, tevredenheid, vertrouwen en veiligheid.

65 Zelf-vergeving

Jezelf niet kunnen vergeven komt meestal voort uit onwetendheid. Achter elk gedrag zit een emotie en diepere les. Zolang je je daar niet bewust van bent en er oppervlakkig naar kijkt, blijf je jezelf veroordelen. Bij zelfveroordeling mis je de belangrijkste informatie.

Verboden gedrag, je eigen wetten overtreden kan je op het spoor zetten van een tekort aan vitale behoeften zoals meer ontspanning, aandacht, ontwikkeling, stimulans et cetera.

Probeer te ontdekken waarom je de fout in ging, welke behoefte werd niet gehoord? Probeer jezelf te vergeven en een dieperliggende waarheid te ontdekken. *Voor misstappen is er meestal een logische, begrijpelijke verklaring.* Niet om je geweten te sussen, maar om groei mogelijk te maken.

De thuisbasis van je authentieke zelf is onvoorwaardelijke acceptatie. De meest veilige plek waar alles samenkomt en op zijn plaats valt. Zonder schijnbare tegenstellingen met een volledig overzicht. *Je volledig bewust-zijn van de aanwezigheid van een allesomvattende aanvaarding is een diepe meditatieve helende ervaring.*

Veerkracht, compassie en begrip maken het leven dragelijker. Zonder zelf-vergeving kun je nooit voldoende aanwezig zijn voor anderen. Teveel schuldgevoel maakt je eenzamer en geïsoleerder. Zodra je durft te vergeven, je hart open te stellen, voel je je meer verbonden, vitaler en meer aanwezig. Weer terug bij wie je bent en wat je te bieden hebt.

Harmonieus vergeven vergroot je autonomie en keuzevrijheid. Je hoeft niet naar anderen te kijken of jezelf met ze te vergelijken. Het enige wat telt is hoe je handelt ten opzichte van je eigen maatstaven. Beter worden door jezelf te trainen in loslaten en vergeven, stapje voor stapje. Zonder gevangen te blijven in verwijten. Flexibel overschakelen naar een ander belevingsniveau, verder kijken.

We hebben het meestal al moeilijk genoeg. Teleurstellingen, twijfels, het gevoel niet goed genoeg te zijn, een eindeloze reeks onzekerheden. Tegenslag verdient de mildheid van vergeving. Onder ogen zien dat we menselijk en feilbaar zijn. De pijn iets verlichten, omdat we verre van volmaakt zijn. *Vergeving is als een beschermende verdedigingswal van kalmte tegen de grote stormen en aanvallen van onze oordelen.*

66 Oordelen

Ieder oordeel dat zich verzet tegen jezelf, anderen of de wereld wordt uiteindelijk een loden last. *Oordelen gaan eerst door ons persoonlijke mentale filter en dat maakt ze vaak: eenzijdig, onduidelijk en te impulsief.*

Innerlijke groei stopt nooit, los van externe gebeurtenissen blijf je je ontwikkelen. Steeds minder beïnvloedt door de externe grillige omstandigheden. Op de wereld heb je maar een beperkte invloed. Zolang je in staat blijft redelijk, objectief en neutraal te observeren wat er gebeurt zul je meer rust gaan ervaren.

Vanuit oordelen zijn mensen constant bezig met wat er in hun ogen goed of fout is. Met een accepterende houding leer je problemen sneller los te laten. Vrij van misverstanden, eenzijdige interpretaties, en zonder je te vereenzelvigen met wat je tegenkomt.

Als je je down voelt ben je overal ontevreden over: je werk, huis, uiterlijk en partner, alles moet het ontgelden. *Een dag later kunnen dezelfde bronnen van onvrede er weer anders uitzien, simpelweg omdat je humeur weer wat beter is.* De noodzaak tot vluchten is dan weer even verdwenen.

Tevredenheid, het gevoel dat je helemaal op je plaats bent, het zijn aanwijzingen dat je op de juiste weg bent. Ook al is het maar een tussenstand. Alles blijft veranderen. Op de moeilijke momenten en bij twijfels kun je jezelf aan de goede ervaringen en inzichten herinneren. Zonder overhaaste beslissingen te nemen of weg te vluchten.

Vanuit een hoger perspectief, verdwijnen alle tegenstellingen. Geen goed óf slecht meer, niet negatief óf positief. Alleen maar zien én accepteren wat er is.

67 Authentiek

Ons leven bestaat voor een groot deel uit: doen, denken, voelen, beleven en streven. Ieder onderdeel van ons bewustzijn ervaren we, in meerdere of mindere mate, als negatief of positief. Dagelijkse gebeurtenissen kleuren onze ervaringen.

Je diepere oorspronkelijke zelf is de toegangspoort naar wijsheid en helder inzicht. Er is geen behoefte meer alles in hokjes in te delen.

Naarmate onvoorwaardelijke liefde en je authentieke zelf groeien wordt je positieve energie groter. Tegelijkertijd wordt je negatieve energie kleiner. Ook zullen de de dalen minder diep en de toppen beter bereikbaar worden. Zo wordt de weg naar geluk geleidelijk aan korter, zonder dwaalsporen en zijwegen.

Vanbinnen positief veranderen zorgt ook voor gunstige effecten in je omgeving. Soms kun je je in een bepaalde stemming vreselijk druk over iets maken en een dag later als je stemming beter is, lach je hetzelfde 'probleem' weg. *Je leven wordt van binnenuit bepaald. Daar ligt je macht, daar ligt je kracht.*

Kun je jezelf bevrijden van innerlijke onrust, los van alle uiterlijke omstandigheden? laat je niet meer gijzelen door wat er nog niet opgelost is. Voorkom dat je onnodig emotioneel lijdt. Oordelen en je vastklampen veroorzaken nieuwe problemen. Zelf voegen we helaas, maar al te vaak, de meeste ballast aan ons leven toe.

Als je vanbinnen rust hebt, kan weinig je nog overstuur maken. Het maakt een meer verantwoordelijke houding mogelijk. *Je laat je leiden door de vraag wat het beste werkt, niet vanuit oude wetten, maar vanuit een rustige innerlijke acceptatie.*

Het huidige moment kent geen tijd en zal er altijd zijn. Je meest authentieke zelf leeft uitsluitend in het heden. terwijl je gedachten en emoties steeds aan het tijdsreizen zijn. Ontspanning bestaat alleen nu, je kunt er naar uitkijken, maar uitsluitend genieten van dit ene moment.

68 Eigenwaarde

Het idee dat je zelfwaardering zou moeten verdienen is niet meer of minder dan een product van je eigen gedachten. Waardering voor je mens-zijn is vanzelfsprekend, daar hoef je niets extra's voor te doen. Je lichaam en alles wat het kan, hoef je toch ook niet te verdienen?

We maken, ieder voor zich, onderdeel uit van een groter geheel met een onmetelijke potentieel aan mogelijkheden. Probeer je alleen maar eens de informatiewaarde voor te stellen van het internet, waar vanaf onze hele planeet door bijna iedereen een bijdrage aan wordt geleverd. En dat is slechts één van de vele menselijke uitingsvormen.

Door je bewustzijn te vergroten ga je vanzelf inzien wat 'leven' betekent. Al je doelen zijn belangrijk, maar het hoofddoel van alles is: *waardering* voor het leven, jezelf en je omgeving.

Het hele leven is een leerproces. We zijn geneigd alles in termen van goed of fout te benoemen. Onze stemming stijgt en daalt mee met onze meedogenloze oordelen. Vanaf een grotere afstand, met net iets meer overzicht kan duidelijk worden dat alle levenservaringen waardevol zijn en meetellen.

Onvrede houdt je tegen, tevredenheid is een uitstekende basis voor
ontwikkeling.

Zowel falen als slagen bevatten waardevolle lessen. Behaalde doelen zijn
prachtig, maar blijven wat ze zijn: *resultaten*. Leerervaringen zijn constant
in ontwikkeling en je neemt ze overal met je mee.

Het meest oppervlakkige deel van jezelf is een echte druktemaker. Het is
constant bezig je wijs te maken dat alles om jouw ego draait. *Maar het
diepste en meest oorspronkelijke deel van jezelf bestaat uit pure liefde en
gaat meer stralen naarmate je de 'oppervlakte' tot rust weet te brengen.*

69 Aandachtig

Wat er ook gebeurt je kunt het bekijken met volle aandacht. Je *relatie* met
alle omstandigheden kan verbeteren. Automatische reacties zijn te
transformeren naar bewuste, redelijke, uitgebalanceerde antwoorden.

Met enige afstand tot wat er gebeurt, zie je makkelijker nieuwe wegen en
mogelijkheden. Iedere emotie en gedachte komen met de juiste aandacht
meer in balans. Vanuit een ander denkniveau ontstaat er een nieuw
perspectief. Bescherming en voldoening zijn, telkens opnieuw, binnen
handbereik, dichtbij in het rustigste deel van jezelf.

Alle levenservaringen, in elke levensfase verdienen een eigen plek. Hoe
dieper je ze beleeft hoe meer je er uit haalt. Veel bezitten helpt niemand

verder, veel *ervaren* des te meer. Kijk maar om je heen, mensen krijgen meer, maar het lijkt alsof ze steeds ontevredener worden. Ze ontvangen meer dan voldoende, maar lijken het niet meer te zien.

Zonder bewuste aandacht vervliegt positiviteit, zonder dat je er van hebt kunnen genieten. Alsof je iets dat heerlijk smaakt, gedachteloos doorslikt, zonder te proeven.

Bewust waarnemen betekent wakker worden, in het hier en nu. Reserveer tijd en ruimte voor stilte. Rustmomenten voeden je kracht. Na diepe ontspanning blijft er alleen nog maar respect voor alle mysteries en mogelijkheden van het leven. Tijdens drukte vergeten we vraagtekens te zetten bij alle denk- en waarnemingsfouten die we maken.

Misschien betekent controle wel dat we juist moeten leren loslaten. Heldere aandacht overstijgt alle beperkingen, illusies en schijnbare tegenstellingen. Je gaat zuiverder waarnemen en merkt negatieve, zelfondermijnende gedachten op terwijl ze ontstaan. Zo kun je tijdig voorkomen dat ze je naar beneden halen.

70 Vriendelijkheid

Wie kent niet de interne criticus, hij is hard en meedogenloos. Gelukkig is er ook een innerlijke vriend. Wellicht wat schuchter en op de achtergrond, maar na enige aanmoediging kan zijn rol belangrijker en groter worden. Zijn goedkeuring is onvoorwaardelijk, hij eist geen prestaties. Volgens hem ben je een geboren winnaar en mag je feilbaar en kwetsbaar zijn.

Alle mensen zijn van elkaar afhankelijk, we kunnen niet zonder elkaar. Zonder mildheid en vriendelijkheid zou onze wereld killer en eenzamer worden. Zoeken naar het goede in anderen is lastiger dan te kijken naar wat er mis gaat. Fouten en zwakheden schreeuwen harder.

We streven naar vrijheid, veiligheid, geluk, bescherming, en een onbezorgd leven, zonder al teveel tegenslag. De meeste mensen hebben, op hun eigen, unieke manier, goede intenties. Waarom zouden we elkaar niet het beste wensen? Probeer met een onbevangen houding, het positieve in een ander zien. *Het lijkt een onmogelijke opgave, maar sympathie begint met een simpele goede gelukwens.*

Aan de buitenkant kun je niet zien tot welke waardevolle wonderen iemand in staat is. Wat gebeurt er al je terugdenkt aan de mensen die je ooit verder hebben geholpen? Ook al ben je het niet met anderen eens, probeer toch respectvol en correct te blijven. *Ongewenst gedrag is meestal een uiting van zwakte, nooit een teken van kracht of overdaad.*

Voor een kritische, (zelf)afkeurende blik hoef je weinig te doen, die zit helaas in ons standaardpakket. Emoties zijn niet goed of fout ze maken duidelijk in welke mate iemand het moeilijk of makkelijker heeft.

Mildheid is een signaal van kracht, moed en wijsheid. Als je verder durft te kijken dan de oppervlakte en buitenkant kun je vaststellen dat er meer te *zien* is. Het bewust blijven waarnemen van je eigen goede eigenschappen herstelt je evenwicht, vergroot je integriteit en opent de weg naar het zien van de kwaliteiten in anderen.

71 Observeren

Alle kleine, waardevolle momenten van het heden geven kleur, betekenis en diepte aan het leven. We zien, in onze dagelijkse haast, maar een glimpje van wat er is waar te nemen. Er zijn vele belevingsniveaus die onopgemerkt voorbij gaan. Je kunt je eindeloos zorgen maken over mogelijk toekomstige problemen en ondertussen geen oog meer hebben voor alles wat er nu in en om je heen is.

Heldere en weldadige aandacht voor wat er gebeurt in je leven biedt de mogelijkheid meer bedachtzaam en verstandiger te reageren. Durf je te vertrouwen? Probeer niet automatisch te reageren op wat je denkt, maar eerst even te pauzeren en dan een net iets hogere visie te kiezen. Pauzeer tussendoor met de volgende 'hartverwarmende' meditatie:

-Concentreer je liefdevol op het hier en nu.
-Visualiseer dat je, met heel je hart, geluk inademt en je zorgen weer rustig uitademt.
-Roep een positief gevoel op van waardering, liefde, compassie of troost.
-Houd dat gevoel vast, terwijl je dit naar jezelf en anderen uitstraalt.
-Als je gedachten afdwalen, keer dan weer terug naar het hier en nu.

Stemmingen komen en gaan, je hoeft je er niet mee te vereenzelvigen.

Gedachten, gevoelens en gedrag maken slechts een klein onderdeel uit van al je menselijke mogelijkheden. Je kunt ze, vanaf een veilige afstand, herkennen, accepteren en onderzoeken. Veel mensen gaan eindeloos mee met een gedachtestroom of ze proberen te krampachtig hun gedachten stop te zetten.

Kun je even stilstaan en bijkomen in schaduw, met een gezonde afstand tot je oververhitte gedachten en gevoelens? *Verplaats je gedachten eens denkbeeldig naar een ander en probeer te zien hoeveel pijn ze kunnen veroorzaken. Zou je dat iemand aan willen doen?*

Waar gaat het echt om in je leven? Verlangen, afkeer, frustratie, rusteloosheid en twijfel brengen je vaak van de wijs. Iedere interne waarneming eist je aandacht op. Zeg rustig: *'het is goed zo, ik mag voelen wat er is, ik hoef niets te verdringen of erin verstrikt te raken. Kalm waarnemen is voldoende.'*

Laat je niet uit balans laten brengen. Er is meer dan je kunt zien. Alles ziet er steeds weer anders uit en zal blijven veranderen. *Onrust verstoort je beeld, rust reflecteert je ware wereld en mogelijkheden.*

72 Realistisch

Iedere dag gebeuren er veel dingen waar we het niet mee eens zijn. Afspraken worden afgezegd of niet nagekomen. Duizenden redenen om te piekeren over hoe het anders zou moeten. Alsof wij altijd weten wat het beste is. *Hoeveel makkelijker en gezonder zou het zijn als we ons verzet tegen de dagelijkse realiteit zouden staken?*

Misschien is het wel goed dat alles gaat zoals het gaat. Een niet nagekomen afspraak kan ook betekenen dat er iets beters te doen of te leren is. De wereld doet niet wat wij willen, iedereen volgt zijn eigen plannen. Verzet tegen de werkelijkheid kost teveel energie. Je partner en familie weigeren te worden wat jij voor ze in gedachten hebt. En dat is maar goed ook.

Hoeveel mensen proberen niet hun partners te veranderen? Soms gaan er jaren mee verloren. Waarom niet gewoon de ander accepteren zoals hij of zij is. Dat maakt echte keuzes mogelijk. Blijven, meer afstand nemen óf weggaan. Stop met het projecteren van niet-bestaande ideaalbeelden. Via anderen kun je je eigen geluk niet afdwingen. Zolang je blijft roepen om iets dat er niet is, zul je frustratie voelen.

Het kan ook anders. Begin met je eigen ideale wereld te creëren. Maak alles precies zoals je het wilt hebben. Sluit, indien nodig, compromissen maar blijf zo dicht mogelijk bij wat je wilt. Neem zelf de regie.

Sem had zijn leven lang de spanningen tussen zijn ouders als een spons opgezogen. Alles probeerde hij om hun leven dragelijker te maken. Hij was totaal uitgeput. Het leven leiden voor zijn hele ouderlijke gezin werd te zwaar. Logisch dat het hem nooit gelukt was zichzelf optimaal te ontwikkelen. "Zodra ik thuis kom moet ik mijn supermanpak aandoen en iedereen gaan redden." Zei hij. Ik vroeg hem wat er zou gebeuren als hij zijn supermanpak zou verruilen voor een prachtig zelfontworpen boeddhistisch gewaad. Hij zou ook rustig, stil en wijs van een afstandje kunnen observeren wat er thuis gebeurde. Zonder in te grijpen, zonder de werkelijkheid te willen veranderen.

Bedachtzame afstand en kalmte herstelt het innerlijke evenwicht. Onderbreek je gewoonte-patronen zoals je vastklampen aan ideaalbeelden, veroordelen en de wereld niet aanvaarden zoals zij is. Zoek een breder perspectief en...

113

laat los.

73 Fouten

Als er iets mis gaat zijn mensen geneigd zichzelf te straffen. Je zou jezelf ook de volgende vragen kunnen stellen: Hoe kan ik mezelf geruststellen of troosten? Gaat het nog goed? Wat heb ik nodig? Een totaal andere benadering. Steun in plaats van afkeuring. Niet langer wanhopig zoeken naar goedkeuring bij anderen maar jezelf nu al met heel je hart accepteren.

Je mag méér jezelf worden, ook al lijkt dat in eerste instantie vreemd of excentriek. Alle fouten, frustraties en tegenslagen hebben je wijzer gemaakt. Niemand verdient je waardering meer dan jijzelf. *Vanuit persoonlijke liefde stroomt alle erkenning en waardering naar de wereld. Het één kan niet zonder het ander.*

In iedereen schuilt een brede stroom goedheid. Soms wat dieper, vaker meer aan de oppervlakte. Mensen worden gevormd door waar ze hun aandacht op richten. Liefde, compassie, ruimte, integriteit en rust verdienen al je aandacht, met als bijkomend voordeel dat ze je altijd de meeste voldoening schenken. Je bent een kind van het universum en alleen om die reden al schitterend en bijzonder.

Waarom zou je fouten of frustraties ontkennen? Om tot rust te komen kun je je aandacht leren concentreren. *Concentratie heelt, teveel afleiding verveelt. Zonder focus verlies je energie.*

Gedrag is niet goed of fout. *Wat je doet heeft wel gevolgen voor hoe je je*

voelt. Wat brengt je meer in balans en wat maakt je ongelukkig?
Bijvoorbeeld van meditatie is wetenschappelijk aangetoond dat het mensen
gelukkiger maakt. Er zijn zoveel inspirerende dingen te doen, te zien en te
beleven. Alles wat je doet om het leven een beetje beter te maken heeft zin.
Iedereen kan zijn voordeel doen met het nastreven van meer begrip, vrede en
en kalmte.

Veranderingen kun je niet afdwingen. *Maak je los en laat los.*
Vriendelijkheid en acceptatie werken beter. Te midden van alle onrust is er
vanbinnen een evenwichtig rustpunt waar je helemaal bij mag komen.

74 Unieke waarde

Je bent in de positie om jezelf onvoorwaardelijk te geven waar je recht op
hebt. Menselijke persoonlijke waarde kan en mag nooit verminderen.
Onafhankelijk van wat er op je afkomt ben je altijd in staat vanbinnen rust te
vinden. Verlieservaringen leren je dat je voldoende liefde hebt om, wat je
ook moet missen, te compenseren.

Veel mensen zijn doodsbang voor stilte en leegte. Ze zoeken activiteiten,
gezelschap en geluid om maar niet naar zichzelf te hoeven kijken. Terwijl
diep vanbinnen de enige plek is waar je duurzame geruststelling zult vinden.
De antwoorden op al je vragen vind je uitsluitend bij jezelf. Het is niet
handig of logisch om zo hard weg te vluchten.

Stilte laat zien wat goed voor je is. In eerste instantie wil je het misschien
niet zien of weten. Makkelijke afleiders maken meer lawaai. *Stilte kan een*
doorgang of opening naar iets beters zijn. Niets om bang van te worden,

integendeel. Leegte biedt plaats aan ontelbare nieuwe kansen. Verwelkom en ontvang wat het leven nog meer te bieden heeft.

Voor alles wat je verliest komt iets anders terug. Bovendien bezitten mensen een breed arsenaal aan reserves: activiteiten, contacten en bezittingen. Van klein tot groot. Er blijft altijd iets over. *Verzamel waardevolle ervaringen* en je komt nooit met lege handen te staan. Je angst alles kwijt te raken blijkt gelukkig telkens weer onterecht.

De unieke waarde en grootste bijdrage van mensen verschuilt zich vaak achter datgene waar zij zich in eerste instantie voor schamen. Betekenisloos opgaan in de massa lijkt veilig, maar als je je wilt onderscheiden, wilt laten zien wie je bent zul, je over je beginnersschaamte heen moeten durven stappen.

Ooit werden je waarde en leefregels bepaald door anderen. Nu mag je zelf kiezen, je eigen regels herschrijven, vanuit je oorspronkelijke verantwoordelijkheid en wensen. Als je waarde als mens vaststaat, kun je in vrijheid leven. Zonder te zoeken naar goedkeuring. Stel dat winnen en verliezen slecht stappen in je ontwikkeling zijn, wat zou je dan willen?

75 Gevoel als geschenk

Zware gevoelens proberen ons iets duidelijk te maken. Vaak investeer je teveel en krijg je nauwelijks iets terug. Het contact met jezelf kan verstoord raken door verkeerde keuzes te maken. Maar het is nooit te laat om bij te sturen.

Wat is de verborgen boodschap van negatieve gevoelens, wat proberen ze te vertellen? Somberheid is onaangenaam maar wat zegt het je? Waar beschermt vermoeidheid je tegen? Verandering wordt, hoe pijnlijk ook, meestal voorafgegaan door afbreken, reorganiseren en ruimte maken voor iets nieuws. *Voor het vinden van een nieuwe richting en betekenis zul je wat niet-goed of niet-passend is, los moeten laten.*

Negatieve gevoelens dwingen je tot heroriëntatie, een andere betekenisgeving, en vernieuwing. Wellicht was je te gehecht aan wat niet goed voor je was en wordt het tijd voor iets beters. In plaats van je te blijven aanpassen en te zoeken naar goedkeuring kun je ruimte maken voor veelbelovende kansen. *Het mysterie van de toekomst nodigt je uit verder te kijken en te gaan.*

Wat zit je dwars? Wat staat er tussen jou en een betekenisvol leven? Wat zou je willen? Je hoeft niet overal bij te zijn. Je kunt je ook meer openstellen voor wat er gebeurt. Observeren in plaats van controleren. Mag je geloven dat alles wat je nodig hebt, op het volmaakte moment naar je toe komt?

Goed leven is een geschenk voor iedereen. Bij alles wat teveel energie kost zou je vraagtekens kunnen zetten. Ook al gaf iets je ooit veel voldoening, soms moet je verder en is de koek op. Je diepste, beste en meest authentieke zelf wil gehoord worden en wellicht moet je eerst door vervelende gevoelens om een boodschap te horen.

Somberheid is een soort interne revolutie, een schreeuw om aandacht van binnenuit. Wie heeft heeft teveel macht over je? Van welke werkzaamheden, taken, opdrachten heb je meer dan genoeg? Wat zou je wensen en welke 'verplichtingen' wil je kwijt? Pijn verwijst naar te harde, te strenge, onredelijke interne eisen.

76 Liefde

Woede en afkeer krijgen overal de meeste aandacht. Maar vooral liefde heeft door de eeuwen heen mensen onlosmakelijk met elkaar verbonden. Zonder liefde was er geen vooruitgang. De motivatie om samen te werken zit diep in ons brein als belangrijkste overlevingsstrategie. Waar zou je zijn zonder anderen te willen helpen of iets te geven, zonder eerlijkheid en vergeving?

Liefde, mededogen en assertiviteit versterken elkaar. Opkomen voor jezelf biedt de ruimte voor anderen te zorgen. Ook de mensen in je kern- of directe omgeving moeten beschermd worden. Je gunt ze het beste .

Gevoelsbegrip is een vorm van aandachtgerichte vriendelijkheid als geschenk voor iemand waar je van houdt. Proberen inzicht te krijgen in iemands binnenwereld laat zien dat je volledig betrokken bent. Wist je dat vriendelijkheid en liefde meer overtuigingskracht hebben dan alle andere gevoelens?

Mensen doen dingen om duizenden redenen. Er zijn vele invloeden op iemands gedrag. Blijf zelf altijd beleefd, respectvol en correct als iemand je vervelend behandelt.

Compassie helpt je de negativiteit te beperken en met een onbevangen, vriendelijke houding wens je de ander meer geluk toe. Conflicten voeden gaat bijna vanzelf. Wat kun je doen om voor een betere sfeer in je omgeving te zorgen?

Bewust aanwezig zijn in gezelschap is te vergelijken met het kijken naar een levensgroot filmscherm. Je ziet hele voorstellingen voorbijtrekken. Zelf mag je bepalen in hoeverre je je laat meeslepen door het verhaal. Vaak is het verstandiger met enige afstand rustig te observeren zonder je overstuur te laten maken. Weet dat je goed genoeg bent.

77 Veiligheid

In de dagelijkse drukte en onrust heb je een veilige haven nodig waar je kunt schuilen. Waar kun je naartoe vluchten en nieuwe energie opdoen? Welke mensen bieden steun en troost? Van welke activiteiten word je rustig? Ook binnen in jezelf, bij je innerlijke wijsheid of met behulp van troostende, begripvolle gedachten kun je een kalmerende waarheid vinden.

De meeste mensen streven naar een betere toekomst met meer geluk, liefde en wijsheid. Zolang je al je positieve intenties op elkaar afstemt en weet dat je kracht je bondgenoot is zul je alles wat je nodig hebt optimaal kunnen benutten. Zijn je gedachten positief en vreugdevol?

Je innerlijke kompas weet wat het beste is. Voel de ruimte, ontspanning en het gemak van loslaten. *Merk op hoe sterk je bent in je ademhaling, je bewustzijn, je helderheid, in je volmaaktheid en in je streven naar het goede.*

Problemen drijven voorbij als onschuldige wolken aan de lucht. Maak je beste intenties bewust. Van veel van onze motieven zijn we ons niet bewust. De meeste daadkracht komt van intenties die zowel vanuit je hart als hoofd ondersteund worden. Vanuit kalmte en redelijkheid kun je iedere situatie aan.

De onrust van het leven komt van vele kanten: plezier, pijn, beloning, beschuldiging, winst, verlies, roem en roddel. Als je blijft werken aan meer evenwicht kan weinig je nog van je stuk brengen. Op alles wat er vanbinnen en buiten op je afkomt volgt een automatische reactie. Uitsluitend direct vanuit je gevoel en verlangen handelen of je vastklampen aan wat je kent veroorzaakt onnodig lijden.

Wil je een eerlijk oordeel over je leven op dit moment? Maak de balans op als je je redelijk goed voelt. Dat is het enige moment waarop je kunt zien en waarderen wat je hebt en waar je bent. Op de momenten dat je je minder voelt registreer je alleen maar je ongenoegen.

De toon en kleur van directe emoties mogen milder worden. Met meditatie bouw je een veiligheidszone rond je eerste overdreven reacties. Ervaringen komen en gaan, je hoeft niets na te jagen of angstig uit de weg te gaan. Geleidelijk aan kun je je brein trainen onvoorwaardelijk en onverstoorbaar het gelukspad te kiezen.

78 Leren

Het menselijk brein blijft een leven lang groeien. Via je bewuste gedachten en gedrag heb je invloed op de ontwikkeling van je brein. Het is gezonder te leven met bewuste aandacht voor je natuurlijke volmaaktheid. Ons brein lijkt alle kanten op te gaan, maar meer zelfregulering op vele gebieden is haalbaar.

Stuurloos leven is geen goed recept voor geluk. Onze menselijke basis is puur, stralend, bewust, liefdevol en wijs. *Je kunt tegelijkertijd het heden accepteren en streven naar een betere toekomst.* Onprettige, stressvolle gebeurtenissen kun je bijvoorbeeld kalmeren met waardevolle herinneringen.

Het leven bestaat uit keuzes maken. Je kunt niet overal tegelijk zijn en het iedereen naar de zin maken. Kies voor je eigen afgegrensde omgeving. Dat klinkt egoïstisch maar uiteindelijk levert dat voor de meeste mensen het grootste voordeel op.

Gun jezelf de tijd om in balans te komen, op alle gebieden. Niet teveel en niet te weinig. Zoek kansen en nieuwe mogelijkheden. Durf je te luisteren naar je gevoel? Houd wat niet goed of te bedreigend is op een veilige afstand.

Ook al is kiezen voor je eigen leven bevrijdend, het gaat niet zonder pijn. Vechten voor vrijheid gaat samen met gevoelens van eenzaamheid en vervreemding. Soms vraag je je vertwijfeld af of je eigen weg gaan al die moeite wel waard is. Zolang je blijft begrijpen dat je op de goede weg bent, zul je gaan ervaren dat alles wat eerst nog te zwaar leek je juist heeft geholpen om te groeien.

Vanuit angst en een diep verlangen naar veiligheid durven mensen niet verder te kijken dan wat ze kennen. Wat er ook op je afkomt, er is altijd de mogelijkheid te groeien, jezelf te ontwikkelen en gebruik te maken van je persoonlijke kracht. Wie door durft te zetten, zal merken dat de momenten van concentratie, kalmte, vrijheid en inzicht geleidelijk aan in omvang en frequentie zullen toenemen.

79 Grenzen

Waarom is het zo moeilijk je eigen weg te gaan? Constant kun je bezig zijn met wat anderen van je vinden en of ze goedkeuren wat je doet. Een onmogelijke opgave. De mening van anderen is altijd gekleurd door hun eigen stemming en belangen. Daarnaast zijn mensen heel veranderlijk, het ene moment vinden ze het fantastisch wat je doet en het volgende moment keuren ze dezelfde actie af. Ook is het onmogelijk het iedereen naar de zin te maken. Zo kunnen we nog wel even doorgaan met redenen waarom het lastig is je eigen pad te kiezen.

Eigen gezonde keuzes maken gaat vaak gepaard met schuldgevoel. Je vult als het ware al van te voren al in wat er niet goed aan je plannen is. Waarom zou je vergeten dat je met de beste intenties probeert iets moois van je leven te maken. Blijf jezelf eraan herinneren dat jij de enige bent die diep van binnen kan voelen wat de juiste weg is. Anderen kunnen je hooguit adviseren, maar jij mag kiezen. Daar is niets mis mee.

Wie, vol overgave, zijn persoonlijke spoor kan volgen zal zich het beste voelen. Somberheid kan erop duiden dat je meer afstand en rust moet nemen, je niet langer door je omgeving hoeft te laten leven.

Houd contact met je diepste waarden. Je leeft eigenlijk 365 minileventjes per jaar, dus je hebt elke dag de kans opnieuw te beginnen. Als je echt alles hebt losgelaten, dan volg je de natuurlijke levenscyclus van je beste bewust-zijn. Zo leefde je als kind ook, compleet in het heden.

Wat zou de wereld moeten missen zonder jouw unieke bijdrage? Je hoeft niet altijd te 'presteren' om iets te betekenen voor anderen. Belangrijker is wie je bent en hoe duidelijk je je opstelt in relaties.

Mensen zijn niet goed óf slecht, niet zwart óf wit. Zodra je gevangen raakt in schijnbare tegenstellingen kun je jezelf er aan herinneren dat het altijd gaat om een optelsom van al je eigenschappen, dat geldt uiteraard ook voor anderen. Voor jezelf kiezen maakt je niet slecht, ook al willen sommige mensen je dat laten geloven.

Onderzoek je eigen opvattingen over vrijheid. Net onder de oppervlakte kun je jezelf wijsmaken dat jij het niet verdient jezelf te zijn. Kijk rustig naar je eigen opvattingen en stel ze, indien nodig, bij. Zodat je daarna vol overtuiging je beste persoonlijke route kunt kiezen.

80 Zelf-compassie

Hoe streng ben je voor jezelf? Sommige mensen blijven maar bezig met wat ze allemaal verkeerd hebben gedaan. Iedereen maakt fouten, de hele dag door. Ook al doe je nog zo je best, je kunt er niet omheen dat je menselijk en feilbaar bent.

Stel dat je met meer begrip, warmte en vriendelijkheid naar je eigen gedrag zou mogen kijken? Probeer je ook voor te stellen dat je omgeving eerder zou letten op de positieve kanten van je gedrag. *Waarschijnlijk ben je zelf meestal ook milder voor anderen dan voor jezelf.*

Onbegrip en strengheid helpen je niet echt verder. Misschien dat het even werkt om iets meer discipline te krijgen. Maar het zal je sneller moedeloos maken en veroorzaken dat je opgeeft of wegvlucht.

Ons brein denkt ons te beschermen tegen toekomstig onheil door constant te focussen op wat er mis gaat. Maar deze eenzijdigheid, zonder evenwicht en overzicht zal eerder averechts werken. Zelfverwijten werken niet, ze ontmoedigen en verlammen je.

Verlangen naar goedkeuring, acceptatie en waardering is normaal en menselijk. Je hoopt erkenning van buitenaf te krijgen, maar vergeet dat je eerst moet leren het jezelf cadeau te doen. Liefde en zelfacceptatie beginnen bij jou. Dat is makkelijker gezegd dan gedaan.

Je kunt beginnen met je wens te erkennen dat je positief vooruit wilt, dat je wilt groeien en jezelf wilt verbeteren. Zelfkritiek kan nuttig zijn zolang het je wijst op toekomstige leerpunten. Corrigeer vriendelijk en begripvol je eigen gedrag. Wat deed je goed en wat kan er beter? Spreek jezelf moed in, ieder leerproces kent vele obstakels en frustraties.

124

Richt je op je kwaliteiten en mogelijkheden. Benadruk dat succesvol veranderen altijd te leren is. Maak concrete werkbare afspraken, bijvoorbeeld dat je regelmatig zult evalueren of je nog op het juiste spoor zit.

Zelf-compassie wordt pas echt belangrijk bij tegenslag. Dan komt het er vooral op aan of je achter jezelf kunt blijven staan. Ieder mens is op zoek naar geluk en wil zo min mogelijk lijden. Maar er blijven veel omstandigheden, binnen en buiten onszelf, waar we weinig aan kunnen doen of veranderen. Dus als het echt zwaar wordt, heb je meer aan troost, steun, vergeving en begrip dan aan zelfverwijt.

81 Leven

Lijden hoort bij het leven, niemand ontkomt eraan. Dat staat niet ter discussie, we worden allemaal ouder en ons leven is eindig. Ook de mensen waar we veel van houden zullen vroeg of laat weer verdwijnen uit ons leven.

Je kunt tegenslag niet regelen, de toekomst niet controleren en niemand weet wat er straks zal gebeuren. Een grote onzekerheid waar je niets aan kunt veranderen. *Onheil is niet persoonlijk, of tegen jou gericht, we krijgen er allemaal mee te maken.*

Maar wat heeft het dan voor zin om positief te denken, als je daar toch niet alle tegenslag mee kunt voorkomen? Hoe zinvol is het om er nu, op dit moment, het beste van te willen maken?

Over een groot deel van het leven heb je weinig controle, we zijn allemaal onderhevig aan dezelfde natuurwetten. Niemand vraagt of we het daar mee eens zijn.

Als je kunt accepteren dat er tegenslag bestaat, dan hoef je er niet zo van te schrikken of het je zo persoonlijk aan te trekken. Weten dat we menselijk en zeer kwetsbaar zijn kan helpen om levenspijn beter te verdragen. Elke vorm van verzet tegen wat onvermijdelijk is, kost onnodig veel energie.

Maar we hebben ook stuurkracht en invloed. Er blijft meer dan voldoende ruimte voor positief denken. Stap voor stap bouwen aan een waardevol, mooi leven heeft wel degelijk zijn. Je kunt blind alles op je af laten komen, jezelf verstoppen of vluchten, maar dat maakt de pijn niet minder, integendeel.

Levenspijn en problemen komen in golven en als je in staat bent, zonder verzet, met de golven mee te bewegen zul je er sneller doorheen gaan. Ook kun je je probleemvrije zones leren uit te breiden. Je eigen reactie op tegenslag heb je zelf in de hand. Er is een groot verschil tussen doelloos ronddrijven of positief en redelijk je koers te bepalen.

Positief uitdagingen aangaan, in plaats van te vechten of te vluchten, maakt het leven dragelijker en geeft hoop en energie. Je persoonlijke doelen en waarden zijn belangrijk. Steeds kun je nagaan of je gedachten je verder helpen of niet en indien nodig bijsturen. Gun jezelf alle tijd die je nodig hebt om te herstellen en te groeien.

Als je met enige afstand naar je eigen gedachten kijkt zul je zien dat ze alle kanten op kunnen gaan. Soms zijn ze verstandig en soms niet. Gedachten kunnen je helpen of hinderen. Je *bent* niet je eigen gedachten, maar *denkt* je eigen gedachten. Dat betekent dat er ruimte is voor bijsturen en correctie.

Kijk met enige afstand, naar gedachten en regels die je niet helpen, wellicht waren ze ooit ergens goed voor, maar ze zijn over de houdbaarheidsdatum heen als ze je nu in de weg zitten. Laat ze los. Alles wat je extra stress geeft of tegenhoudt.

Oude verhalen en beelden horen bij het verleden. Je leeft nu in het heden en verdient een nieuwe, betere aanpak. Weten dat je meer bent dan je gedachten geeft je de kracht bij te sturen en afstand te nemen van pijnlijke gebeurtenissen uit het verleden.

Vertrouwen en hoop mogen de plaats innemen van controledwang en verzet tegen wat er op je afkomt. Pijn en lijden zijn onvermijdelijk dus heeft weinig zin je energie te verspillen aan weerstand tegen wat er al is. Maar daarnaast blijft er alle ruimte om vol overgave steeds weer te proberen het leven voor jezelf en anderen meer kleur, betekenis en waarde te geven.

82 Kalmeer jezelf

Ieder mens leeft met zijn eigen beperkingen en/of kwetsbaarheden. Hoe graag je ook aan het perfecte plaatje wilt voldoen, je zult moeten accepteren dat niemand volmaakt kan zijn.

Je realiseren dat de mensen oprecht proberen volgens de beste versie van zichzelf te leven kan je helpen milder en vriendelijker te worden. Meestal is glimlachen om de zoveelste fout van jezelf of anderen beter dan je eraan te blijven ergeren.

Als de dingen niet gaan zoals je gehoopt had, dan zul je toch moeten leren de draad weer op te pakken en vol goede moed verder te gaan. Jezelf naar beneden halen, kritisch onder vuur nemen of laten verlammen door frustratie, helpt je niet verder. Wat is een beter alternatief? Spanning verlaag je door jezelf te steunen, waar nodig te troosten en moed in te spreken.

Onze emoties worden vanuit het brein gestuurd en gereguleerd door de drie onderstaande emotie-systemen:

1. *Ieder mens is uitgerust met een bedreigings- en beschermingssysteem dat helpt om potentiele 'gevaren' op te sporen en in de gaten te houden.* Zodra dit bedreigings- en beschermingssysteem actief is ben je extra gericht op alles wat er mis kan gaan. Dit alarmsysteem gaat samen met gevoelens van angst, boosheid en kritische afkeuring.

2. *Daarnaast is er ook een activerend systeem dat je stimuleert en motiveert om wensen en doelen te realiseren.* Dit activerende systeem geeft het gevoel dat je nuttig bezig bent, je verwacht, vol optimisme, gunstige resultaten en hoopt je daardoor beter te voelen. Je werkt richting een beloning, voldoening en plezier.

3. *Tenslotte is er het kalmte- en tevredenheidsysteem.* Het brengt je gevoelens van rust, veiligheid, harmonie en vrede. Je voelt je kalm en ontspannen alsof je, eerlijk verdiend, mag bijkomen van je inspanningen. Mild en vriendelijk naar je omgeving durf je te vertrouwen en los te laten. Dit systeem brengt je steeds weer in balans.

Voor het kalmeren en in evenwicht brengen van je emoties is het *kalmte- en tevredenheidssysteem* van groot belang. Mensen zijn gevoelig voor en hebben een grote behoefte aan vriendelijkheid, zorg en steun. Bij angst, verdriet en boosheid wil je graag getroost en gekalmeerd worden.

Positieve mindfulness nodigt je uit je eigen *natuurlijke* kalmte en tevredenheidssysteem zo optimaal mogelijk in te zetten voor meer evenwicht, rust en overzicht in je leven. Bevestig dat alles vanaf nu beter kan gaan. Een geruststellende gedachte.

Steun, mededogen en begrip maken het mogelijk je gedachten en gedrag te veranderen. Je onmacht en gevoelens erkennen zal je sterker maken omdat het, in tegenstelling tot opgeven, ruimte laat voor verbeteringen.

83 Overgevoelig

Je bewust blijven van je menselijke kwetsbaarheid, zonder schaamte, heeft duidelijke voordelen; het maakt je voorzichtiger, zorgvuldiger, meer bedachtzaam en vriendelijker. Overgevoeligheid kan een teken van kracht zijn. Grote voorbeelden uit de politieke geschiedenis, wetenschap en media laten zien dat je met een haarscherp afgesteld persoonlijk kompas ver kunt komen.

Wie in dit leven wil groeien zal zich, meer dan hem/haar lief is, alleen of zelfs diep eenzaam voelen. Soms hoort dat gevoel bij vooruitgang. Mensen uit je omgeving kunnen je dwingen in de pas te blijven lopen. Met allerlei emotionele chantagemiddelen kan iemand je het gevoel geven dat je verkeerd bezig bent en dat terwijl je juist een van de weinigen bent die moedig tegen de stroom in durft te gaan.

Mensen zijn, evolutionair gezien, uitgerust met een diepe angst voor afwijzing. Uit zelfbescherming passen veel mensen zich overdreven aan, ten koste van hun persoonlijke vrijheid.

Je eigen beste keuzes maken is af en toe lastig en zwaar. Maar gelukkig kun je leren je 'groeipijnen' te verzachten en te kalmeren. Zolang je in staat blijft vriendelijk en zorgvuldig met je omgeving om te gaan zal niemand je ooit verwijten dat je overdreven onredelijk bent.

Richt je aandacht op waar je naar toe wilt. Goede ervaringen uit het verleden, je sterke kanten en een hoopvolle optimistische houding zullen je helpen om door te zetten.

Vaak is het lastig grenzen te stellen. Vooral als je erg gevoelig bent voor het ongenoegen van anderen. Bedenk dat mensen met de meeste compassie of begrip voor anderen het beste in staat zijn duidelijk aan te geven wat ze wel of niet aanvaardbaar vinden.

Veel boosheid en wrok is het gevolg van te lang, zonder grenzen, het ongewenste gedrag van anderen tolereren of accepteren. Zodra je, tijdig, iets meer afstand neemt, bij ongewenst gedrag van anderen, kun je aardiger en geduldiger blijven.

Nee durven zeggen blijft een cruciaal onderdeel van compassie. Bij moed hoort het loslaten van wat anderen denken. Durf je naar je eigen intuïtie te luisteren? Mag je 'overgevoelig' zijn? Wat een last lijkt, kan een geschenk zijn.

Check je intenties, luister naar je gevoel. Maak, indien nodig andere, nieuwe keuzes. Laat je leiden door volledige zelfacceptatie. Alle onvermijdelijke vormen van imperfectie in je zelf en je omgeving helpen je bij te sturen. Ze bieden je de unieke kans, steeds opnieuw, te kiezen voor herstellende, inspirerende bezigheden.

84 Scheefgroei

Voor gezonde menselijke relaties moet er evenwicht zijn. Geven en nemen behoren redelijk in balans te blijven. Zonder het in bewust de gaten te hebben kunnen relaties veranderen, het plezier kan verdwijnen en langzaam maar zeker krijg je door dat je emotioneel en ook op andere gebieden door je reserves heen raakt.

'Angst in de steek gelaten te worden' en 'zelfopoffering' zijn zusjes van elkaar. Door te geven hoop je dat anderen blijven terugkomen.

Vooral in familierelaties ontstaan er in de loop van de tijd allerlei verplichtingen die teveel van je gaan vragen. Uit schuldgevoel of een te groot verantwoordelijkheidsgevoel blijf je maar voor iedereen zorgen. Uitdelen en geven. Ergens voel je dat er iets scheef zit, maar dat wuif je weg. Langzaam maar zeker raak je overbelast.

Zo kan er een *familie burn-out* ontstaan. Bij iedere gebeurtenis afzonderlijk kun je nog denken: 'waar maak ik me druk over, dit moet toch kunnen?' Dat is ook het verraderlijke, steeds lijkt het om kleine dingen te gaan. Even doorbijten en je niet aanstellen. Je hoort toch voor iedereen te zorgen? Achter iedereen aan te lopen, geen verjaardag te vergeten? Je wilt graag de goede broer of zus zijn.

Als je iets dwars zit durf je er niet over te praten, uit angst voor conflicten. Daar zijn inmiddels al genoeg voorbeelden van bij anderen. Totdat het na jaren niet meer gaat. Je kunt het niet meer opbrengen, zelf het kleinste verzoek maakt je overstuur. De 'gezelligheid' is verdwenen. Alle gezonde verhoudingen zijn verstoord.

Tijd voor rust, afstand en een grote adempauze. Je voelt je uitgeput, ziek en moe. Aan de andere kant blijft het muisstil. De mensen waar je altijd voor klaarstond zijn nergens te bekennen. Vaak zijn ze nog boos op jou ook, omdat je er niet voor ze bent. In het begin voel je je nog schuldiger en ellendiger, wat heb je fout gedaan?

Luister naar je gevoel als het teveel is dan is het teveel. Soms moet je nuchter vaststellen dat je meer dan voldoende hebt gegeven. Tijd voor jou, meer ruimte voor jezelf.

Om een tuin mooi te houden is er onderhoud nodig. Soms moet je flink snoeien en opruimen.

Je eigen opvattingen en ideeën over wie en wat je bent en voor wie je er moet zijn, moet je ook opnieuw durven te bekijken. Wat moet er weg en wat mag er blijven. Welke relaties zijn nog goed voor je en welke niet? Durf je het aan om maatregelen te nemen? Durf je je angsten onder ogen te zien.

Integere en eerlijke besluiten leiden altijd tot iets beters. Na de beginpijn, na alle emoties en het gevoel er helemaal alleen voor te staan kun je groeien.

Geleidelijk aan ontstaat er een bevrijdende ruimte in je eigen leven en kun je weer zien wie je bent en wat je wilt. De afstand heeft geholpen dichter bij jezelf te komen. En de mensen waar je even afstand van hebt genomen? Ze leven verder alsof er niets gebeurd is.

85 Gerichte aandacht

Je brein besturen gaat het makkelijkst via je aandacht. Welke informatie houd je vast, welke informatie voeg je toe en hoe stimuleer je jezelf met de juiste hoeveelheid prikkels? Doelbewust alert blijven, uitgerust en ontspannen, helpt om in iedere situatie kalmer en meer doordacht te reageren.

Meditatie biedt je een kans positieve emoties intensiever te beleven en je zo de hele dag beter te voelen. Laat plezier en blijdschap toe in je leven, sta er voor open. Adem het volkomen ontspannen in en uit. Geluk, tevredenheid en gemoedsrust verdienen al je aandacht. Forceer niets en probeer ontspannen, stil en helder je goede gevoel te observeren.

Bewuste aandacht brengt je naar een hoger, vriendelijker, relativerend denkniveau. Het is een van de krachtigste voordelen van meditatief ontspannen. Ervaar de rijkdom van het heden. Ook al willen je gedachten alle kanten op, geconcentreerde aandacht bereik je door je bewust te blijven van je ademhaling, je over te geven aan het huidige moment en door je aandacht-eisende ego steeds een beetje meer los laten.

Maak je je druk over wat anderen van je vinden? Wil je bewonderd en gewaardeerd worden? Waarom niet gewoon proberen goed te zijn en te doen? Leven vanuit je beste integere zelf is meer dan genoeg, dan kan er weinig mis gaan. *Geluk en tevredenheid hebben niets met egoïsme te maken. Integendeel, wie zichzelf te belangrijk maakt zal het contact met zijn ware zelf en anderen sneller verliezen.*

Je complete pure identiteit kan nooit een millimeter minder worden. Vanuit onwetendheid kunnen we ons verliezen in de buitenkant, maar vanuit wijsheid leren we dat erkennen hoe groot en oneindig we zijn ons dichter bij ons ware zelf brengt.

In toenemende mate kun je leren je hogere waarden meer centraal te stellen. Tot rust te komen. Sta meer en meer open voor wat er in je omgaat en voor het accepteren van anderen. Berusting in alle menselijke eigenschappen voorkomt onnodige conflicten.

Wat blijft er over als je de mist van al je illusies laat optrekken? Een oneindige ruimte, een open hart, je waarden en hoogste zelf en een genezende, zuivere, positieve energie.

Bronnen/aanbevolen boeken

Akhtar, Miriam. *Positive Psychology for Overcoming Depression*. Watkins Publishing.

Altman, Donald. *The Joy Compass: Eight Ways to Find Lasting Happiness, Gratitude, and Optimism in the Present Moment*. New Harbinger Publications.

Andreas, Steve. *Transforming Negative Self-Talk: Practical, Effective Exercises*. W. W. Norton & Company.

Bays, Jan Chozen. *How to Train a Wild Elephant: And Other Adventures in Mindfulness*. Shambhala Publications.

Beck, Martha. *Steering by Starlight*. Rodale Books.

Bien, Thomas. *The Buddha's Way of Happiness: Healing Sorrow, Transforming Negative Emotion, and Finding Well-Being in the Present Moment*. New Harbinger Publications.

Dyer, Wayne W. *Wishes Fulfilled: Mastering the Art of Manifesting*. Hay House.

Genderen van, Hannie. & Jacob, Gitta. *Patronen Doorbreken*. Uitgeverij Nieuwezijds.

Goldstein, Elisha. *The Now Effect*. Atria Books.

Grenville-Cleave, Bridget. *Introducing Positive Psychology*. Icon Books.

Hanson, Rick. *Buddha's Brain: The Practical Neuroscience of Happiness, Love, and Wisdom.* New Harbinger Publications.

Hanson, Rick. *Just One Thing: Developing A Buddha Brain One Simple Practice at a Time.* New Harbinger Publications.

Hay, Louise. & Richardson, Cheryl. *You Can Create an Exceptional Life.* Hay House.

Honos-Webb, Lara. *Listening to Depression: How Understanding Your Pain Can Heal Your Life.* New Harbinger Publications.

Hulnick, H. Ronald. & Hulnick, Mary R. *Loyalty to Your Soul.* Hay House.

McKay, Matthew., Fanning, Patrick. & Zurita Ona, Patricia. *Mind and Emotions: A Universal Treatment for Emotional Disorders (New Harbinger Self-Help Workbook).* New Harbinger Publications.

Neff, Kristin. *Self-Compassion: Stop Beating Yourself Up and Leave Insecurity Behind.* HarperCollins.

Nhat Hanh, Thich. *Peace Is Every Step.* Ebury Digital.

Osteen, Joel. *Your Best Life Now.* Hodder.

Richmond, Lewis. *Aging as a Spiritual Practice: A Contemplative Guide to Growing Older and Wiser.* Gotham Books.

Rubin, Jeffrey B. *The Art of Flourishing: A New East-West Approach to Staying Sane and Finding Love in an Insane World.* Harmony.

Sanders, Tim. *Today We Are Rich: Harnessing the Power of Total Confidence*. Tyndale House Publishers.

Shapiro, Francine. *Getting Past Your Past: Take Control of Your Life with Self-Help Techniques from EMDR Therapy*. Rodale.

Smith Jones, Susan. *The Joy Factor: 10 Sacred Practices for Radiant Health*. Conari Press.

Springett,Tara. *The Five-Minute Miracle: Discover the Personal Healing Symbols that Will Solve Your Problems*. Weiser Books.

Sterk, Fred. & Swaen, Sjoerd. *Overwin Tegenslag*. www.sterk-swaen.nl

Sterk, Fred & Swaen, Sjoerd. *Positieve Zelfmotivatie*. www.sterk-swaen.nl

Tan, Chade-Meng. *Search Inside Yourself: Increase Productivity, Creativity and Happiness*. Collins.

Vaszily, Brian. *The 9 Intense Experiences: An Action Plan to Change Your Life Forever*. Wiley.

Young, Jeffrey. & Klosko, Janet. *Reinventing your life*. Dutton Press.

Internet

www.psychologiemagazine.nl (Online trainingen: Mindfulness, Rust in je hoofd en Zelfvertrouwen)

http://calm.com/

http://www.mbcttrainingen.nl/

http://www.youtube.com (Zoekterm: Mindfulness)

Meer informatie

Psychologen Fred Sterk en Sjoerd Swaen zijn, naast hun werk als psychotherapeut, auteurs van een reeks succesvolle zelfhulpboeken. Hun boeken worden op grote schaal gebruikt als 'motivatieboeken' in de hulpverlening, voor studenten en in het bedrijfsleven.

www.sterk-swaen.nl